I0539391

BESTACTIVITYBOOKS.COM

ERSTE AUSGABE - Veröffentlicht 2022

Extra Grafikmaterial von: www.freepik.com
Dank an: Alekksall, Starline, Pch.vector, Rawpixel.com, Vectorpocket, Dgim-studio, Upklyak, Macrovector, Stockgiu, Pikisuperstar & Freepik.com Designers

Kostenlose Online-Spiele Entdecken

Hier Erhältlich:

BestActivityBooks.com/FREEGAMES

5 TIPPS FÜR DEN ANFANG!

1) LÖSUNG DER RÄTSEL

Die Puzzles haben ein klassisches Format :

- Die Wörter sind ohne Abstand, Bindetrich usw… versteckt
- Richtung : vor-& rückwärts, auf & ab oder in der Diagonale (beider Richtungen)
- Die Wörter können übereinanderliegen oder sich kreuzen

2) AKTIVES LERNEN

Neben jedem Wort ist ein Abstand vorgesehen zum Aufschreiben der Übersetzung. Um ihre Kenntnisse zu überprüfen und zu erweitern befindet sich am Ende des Buches ein **WÖRTERBUCH**. Suchen sie die Übersetzungen, schreiben sie sie auf, dann können sie sie in den. Puzzles suchen und ihrem Wortschatz hinzufügen.

3) ANZEICHNUNG DER WÖRTER

Haben sie schon einmal versucht eine Anzeichnung zu verwenden? Sie könnten zum Beispiel die Wörter, die schwer zu finden sind, ankreuzen, die Wörter, die sie lieben, mit einem Stern, neue Wörter mit einem Dreieck, seltene Wörter mit einem Diamant usw … anzeichnen

4) IHR LERNEN ORGANISIEREN

Am Ende dieser Ausgabe bieten wir auch ein praktisches **NOTIZBUCH** an. Ob im Urlaub, auf Reisen oder zu Hause, sie können ihr neues Wissen ganz einfach organisieren, ohne ein zweites Notizbuch zu benötigen!

5) SIND SIE AM SCHLUSS ?

Gehen sie zum Bonusbereich : **MONSTER-HERAUSFÖRDERUNG,** um ein kostenloses Spiel zu finden, das am Ende dieser Ausgabe angeboten wird !

Lust auf mehr Spaß und **Lernaktivitäten? Schnell und einfach :** eine ganze Spielbuchsammlung mit einem einzigen Klick erhaltbar :

Mit diesem Link finden sie ihre nächste Herausforderung :

BestActivityBooks.com/MeineNachsteWortsuche

Achtung, fertig, ... Los !!

Wussten sie, dass es auf der Welt ungefähr 7.000 verschiedene Sprachen gibt ? Wörter sind kostbar.

Wie lieben Sprachen und haben schwer daran gearbeitet, die Bücher von höchster Qualität für sie zu entwerfen. Unsere Zutaten ?

Eine Auswahl von angepassten Lernthemen, drei große Scheiben Spaß, dann fügen wir einen Löffel schwieriger Wörter und eine Prise seltener Wörter hinzu. Wir servieren sie mit Sorgfalt und ein Maximum an Freude, damit sie die besten Wortspiele lösen und Spaß am Lernen haben.

Ihre Meinung ist wichtig. Sie können aktiv zum Erfolg dieses Buches beitragen, indem sie uns eine Bemerkung hinterlassen. Sagen sie uns, was ihnen an dieser Ausgabe am besten gefallen hat !!

Hier ist ein kurzer Link, der sie zu ihrer Bewertungsseite führt

BestBooksActivity.com/Rezension50

Vielen Dank für ihre Hilfe und viel Spaß

Linguas Classics

1 - Gesundheit und Wellness #2

ן	ס	ן	ע	ם	י	נ	ו	כ	י	ס	פ	ט	ר	נ	ש
ת	ל	מ	י	י	ח	פ	ת	ר	ד	מ	ף	ד	מ	ף	ן
א	ף	נ	ס	ל	ט	ץ	ד	ס	א	ג	ר	פ	ט	ה	ש
כ	נ	ש	ו	ו	ר	ח	ר	ר	כ	ג	ג	צ	פ	י	פ
מ	ג	ר	י	ח	ו	ל	י	ל	ע	ת	ד	ס	ר	ג	ח
ט	ח	ף	ג	ת	ב	א	מ	מ	א	צ	ג	צ	ק	י	ל
מ	ש	ק	ל	י	ה	ע	כ	ד	ב	ר	י	א	ל	י	פ
מ	צ	כ	נ	ב	ה	ק	י	ט	נ	ג	ס	ת	ו	נ	ן
ב	פ	כ	ה	צ	י	י	נ	ט	א	ם	ת	ט	ר	ה	צ
ח	א	ס	ל	נ	ג	צ	מ	כ	ד	ת	ב	ט	י	מ	ח
כ	ת	ג	פ	צ	ר	ר	ס	ו	כ	מ	ן	ף	ה	א	ן
ט	ח	ד	כ	ר	ל	ה	נ	נ	ט	ר	ו	פ	ס	ש	ח
ב	ד	ר	ם	נ	א	א	ה	ח	ש	נ	ב	ף	נ	י	נ
ט	ג	ע	כ	ה	צ	ט	ב	ר	ה	א	א	א	ה	נ	א
ת	ב	פ	צ	כ	ם	ו	ה	י	ז	כ	י	ב	ף	ה	ד
ו	י	ט	מ	י	ן	ד	י	א	ט	ה	ת	ש	ף	ר	ש

אלרגיה
אנטומיה
תיאבון
דם
דיאטה
אנרגיה
גנטיקה
בריא
משקל
היגיינה

זיהום
קלוריה
בית חולים
חולי
עיסוי
סיכונים
שינה
ספורט
לחץ
ויטמין

2 - Ozean

ג	ל	י	ם	נ	ם	נ	צ	ה	ש	ם	ם	ר	כ	ר	ש
ל	א	נ	ג	ע	ן	ד	ף	ר	ת	ם	ה	ח	נ	ס	נ
ג	ד	פ	צ	ג	ר	ע	מ	פ	ח	צ	ס	צ	ט	ן	ג
א	כ	ב	נ	ר	ף	פ	ט	ל	מ	ט	ל	ג	ד	ה	ל
ו	א	ע	מ	ע	ף	ס	מ	ל	ח	ם	א	ו	ל	ר	ח
ת	פ	ת	מ	נ	ו	ן	ס	נ	פ	ה	ש	פ	פ	ה	מ
ו	כ	ב	צ	ח	צ	ת	י	נ	א	פ	ח	ס	מ	ח	ל
ש	א	ר	ר	ש	ן	י	ר	ס	נ	צ	ף	פ	ם	ף	ח
פ	צ	ב	י	ם	פ	ו	ה	פ	ד	צ	צ	מ	ר	ש	ד
ל	ח	ג	ם	ש	א	ו	ף	ה	מ	ט	מ	י	ט	מ	ו
ס	ר	ט	ן	ש	ל	ל	ח	ה	ר	ט	ד	ר	ו	צ	ל
ד	ס	ש	פ	ו	מ	ן	ן	ס	ל	פ	ת	ש	נ	ה	פ
ב	א	ד	נ	נ	ו	ט	צ	ב	ס	ע	ר	ה	ה	ם	י
צ	ן	ף	נ	י	ג	ם	נ	ד	ה	ד	נ	ס	כ	ת	ן
ל	ת	ל	ט	ת	א	צ	ח	צ	ן	מ	ד	ו	ז	ה	ת
ם	צ	פ	נ	ר	ח	ב	צ	ש	ס	ל	ם	ל	ד	ח	ס

תמנון
מדוזה
שונית
מלח
צב
ספוג
סערה
טונה
לוויתן
גלים

צלופח
צדפה
סירה
דולפין
דג
שרימפס
גאות ושפל
כריש
אלמוג
סרטן

3 - Krankheit

ד	צ	ר	ש	ל	ח	ג	ג	ע	צ	מ	ו	ת	ת	מ	צ
ל	כ	י	מ	ב	נ	כ	ו	ר	ע	ט	ה	ו	צ	ד	נ
ק	ט	א	ב	ט	ן	ח	ף	פ	ס	כ	ר	א	מ	ו	ם
ת	ם	ת	י	ת	ו	נ	י	ס	ח	ש	ח	י	י	צ	ם
ו	ת	י	נ	ל	ש	א	ב	ב	ת	ב	ב	ר	ק	ר	ח
י	ס	ף	ש	כ	ר	ו	נ	י	ן	ש	ו	ב	ד	ן	ה
ג	מ	ה	י	ד	ס	ו	נ	י	ס	פ	כ	ל	י	ן	נ
ר	ו	ב	מ	ש	ח	נ	ן	ר	ת	מ	ף	ס	י	ג	א
ל	נ	ע	ה	א	ת	ס	א	י	כ	ס	ת	ד	ח	ף	ה
א	ת	מ	ה	ת	ג	ס	ה	ט	ס	ט	ש	ב	ל	ע	ג
ט	ל	ש	ע	ן	ף	ת	פ	ט	ם	ת	ד	ן	ר	ט	ה
ח	ם	צ	ר	ף	ט	נ	צ	ט	ף	ר	ף	ט	ה	ש	ג
מ	ת	ס	ג	נ	ט	ף	ר	ן	ל	ע	ן	י	ר	ש	נ
ת	ט	א	כ	פ	ה	ס	ה	ן	ן	ש	פ	פ	ט	ת	ד
ע	מ	ה	נ	ש	ח	פ	צ	ן	ת	ם	ד	ו	ג	ב	ג
כ	ק	ב	ד	מ	ב	ע	צ	ש	ט	מ	ע	ל	ם	ס	ם

לב
חסינות
עצמות
גוף
נוירופתיה
ריאתי
חלש
סינוס
תסמונת
טיפול

בטן
אלרגיות
מדבק
נשימה
חיידקי
כרוני
דלקת
תורשתי
גנטי
בריאות

4 - Meditation

ל ש ם ע ע צ ט ע ה ש ף צ ד ל מ ד
ט ם ף ס כ ד ב ל ת ה ב י צ י ח ט
ה מ ם א ל ג ע י כ נ ט ת נ ג ש צ
ל ג מ פ ל ס ק ח א כ ע ג ט ל ב ה
ר ת נ ו ע ה ר מ ר מ ע ח ש מ ו ח
ת ב ה נ ב ו ת ל ת ם ם ג צ ן ת כ
ף ה ב ש ב כ ש ה ה ד ו ת ת ר כ ה
ב י י נ כ ט ת ט ק פ ל ה ק ע ן ר
ר ר ט ל ב מ צ ח י ח ש ס ב ע נ ן
ת ו ק ר צ ג ס ח ז א נ ח ל ס ס נ
ל ת פ צ ד ע ג ח ו ת ה ב ה נ פ ה
כ ש ס כ פ ג ן כ מ ד ט מ ד ש פ ש
ת ס ר כ ג ן ט ר ר ש ו א צ ד ס ח
מ כ פ נ ב צ ג צ ד ד ה ד ו מ ל ל
ת ע ל צ ר ו ס מ ם ח ג ן כ ד צ ב
ה ם א פ ע ן ם ם ד ף ס ה ד ה ח ב

בהירות
ללמוד
חמלה
מוזיקה
טבע
פרספקטיבה
רגוע
שתיקה
מוח
ער

קבלה
תנועה
הכרת תודה
תובנה
חסד
שלום
מחשבות
נפש
אושר
יציבה

5 - Archäologie

א	צ	א	צ	צ	ו	ו	ת	א	ף	ג	נ	ה	ן	צ	ת
פ	ו	ש	מ	ר	ם	ד	ו	ל	ד	ג	י	ע	מ	ן	ה
ר	ל	ב	ח	ח	ט	ם	מ	מ	ע	ע	ת	ר	ג	ת	ש
ו	מ	ל	י	ט	ע	א	צ	ש	א	נ	ו	כ	ף	ת	ף
פ	ע	ר	ת	י	כ	מ	ע	א	ב	ו	ח	ה	ת	ר	ב
ס	ד	ה	ש	ח	ק	ם	ם	ד	פ	ן	ב	ס	נ	ה	ם
ו	מ	ש	ת	ר	ע	ט	ד	ש	ע	כ	ג	ן	ד	י	ע
ר	ק	ג	ע	פ	ט	ר	י	ח	ו	ק	ר	ן	י	א	ל
ש	ד	נ	ל	ל	ס	ף	מ	ם	פ	צ	ד	ת	ר	ר	ן
ע	ש	נ	ו	מ	נ	ן	ח	ם	ע	ש	ל	ל	ש	ס	ג
ל	ס	ח	מ	מ	ה	צ	ג	ב	ת	מ	ה	ה	כ	ט	ר
א	א	ד	ה	ד	ד	מ	ה	נ	י	ג	א	ע	ל	ן	פ
ל	א	י	ד	ו	ע	ו	ן	ע	ק	ס	פ	א	ר	צ	ט
ע	ד	צ	ה	ם	צ	מ	א	ד	ו	ח	צ	ן	כ	ר	ת
נ	ע	ש	ש	כ	ע	ח	ט	א	ת	ש	ל	ח	ט	ש	ס
ר	ק	ב	ר	ה	ב	ה	י	צ	ז	י	ל	י	ב	י	צ

ניתוח
עתיקות
הערכה
עידן
מומחה
חוקר
מאובן
תעלומה
קבר

עצמות
צוות
צאצא
אובייקטים
פרופסור
שריד
מקדש
לא ידוע
ציביליזציה

6 - Gesundheit und Wellness #1

ה	פ	ד	צ	א	ל	י	ע	פ	ע	ר	ל	ן	ל	ה	פ
ט	ר	ע	ש	ף	ב	א	צ	ש	ג	צ	ס	ח	ם	פ	ר
ש	נ	ג	ח	ר	א	ו	מ	ד	ל	צ	ב	ע	ר	ה	א
ר	ן	ס	ל	נ	ט	פ	ו	ו	ב	ת	ף	י	ג	נ	ש
ט	י	פ	ו	ל	צ	ר	ת	ק	כ	ח	ש	כ	ם	ע	נ
ם	ט	ם	כ	ה	ג	ח	א	ט	ט	ק	ש	צ	י	ח	ף
ש	צ	פ	ח	ש	ם	י	נ	ו	מ	ר	ו	ה	ק	ג	פ
ש	א	ר	ן	ן	ל	ח	ן	ר	ע	מ	ל	ע	ד	ל	כ
ג	ג	ד	צ	ם	ף	מ	ן	כ	ט	ת	פ	י	י	ד	ל
פ	ש	ט	ר	ן	צ	ס	ר	ף	מ	י	פ	צ	י	ח	נ
א	ף	ט	נ	ח	ס	ק	ל	פ	ר	ב	ס	פ	ח	ר	ח
כ	ר	ג	ח	פ	פ	ג	ח	צ	א	ש	ב	ר	ט	נ	ש
ס	מ	ם	ל	ג	ג	ף	נ	מ	ל	ה	א	ו	פ	ר	ג
ג	ח	נ	ה	ן	מ	כ	צ	ס	ח	ס	ח	ם	נ	ת	ג
ה	ר	פ	י	ה	ן	כ	מ	ת	ה	ע	ו	ר	ט	ע	ה
מ	נ	ח	ב	ר	ס	ג	ו	ב	ה	ל	א	ר	פ	פ	ף

רעב
מרפאה
עצמות
רפואה
רפואי
עצבים
רפלקס
טיפול
פציעה
נגיף

פעיל
בית מרקחת
דוקטור
חיידקים
הרפיה
שבר
הרגל
עור
הורמונים
גובה

7 - Obst

ע	ע	ת	ר	צ	ב	ש	ן	ת	ד	נ	ת	ט	ע	כ	ן
ת	נ	ל	ף	ף	ן	ג	ם	ף	מ	ו	ת	א	ג	ח	ן
צ	כ	צ	א	ה	ם	פ	ד	א	ס	ל	ב	ו	ס	ש	ל
מ	ע	ה	נ	נ	ב	ע	כ	ט	צ	ג	ס	ד	ם	כ	נ
ל	ח	נ	נ	מ	א	ח	ר	ת	ע	ף	ה	א	ב	ס	כ
נ	ס	י	ס	ש	ב	ח	ר	פ	ה	ה	י	ב	א	ן	ת
ם	ר	ר	פ	מ	ע	ר	ש	ו	ל	ח	א	ו	ב	פ	ם
ח	כ	ט	ג	ש	א	ג	ס	ח	צ	ר	פ	ק	ו	ג	נ
ם	ת	ק	ן	מ	ה	ת	ה	ב	מ	ר	פ	ד	ר	י	נ
ג	י	נ	ה	ן	ע	ה	ר	ל	ת	ל	ס	ו	ק	ו	ק
מ	ל	ו	ן	ו	מ	י	ל	נ	פ	נ	צ	כ	ם	ת	ס
נ	ו	מ	פ	ב	פ	ד	ה	ח	ח	ת	ע	ף	ג	א	ר
ט	כ	ב	ר	י	ם	פ	ר	ט	מ	מ	ח	נ	ל	ת	פ
ח	ש	פ	נ	פ	ם	כ	ה	ס	כ	מ	ם	פ	ר	ה	א
נ	א	ט	ן	פ	ע	ה	נ	ג	ת	ס	ח	א	ג	מ	כ
ן	כ	ל	ף	ש	ף	ב	ט	ר	ש	ז	י	ף	ג	ר	ב

אננס
תפוח
משמש
אבוקדו
בננה
ברי
אגס
אשכולית
פטל
דובדבן

קיווי
קוקוס
מלון
נקטרינה
כתום
פפאיה
אפרסק
שזיף
גפן
לימון

8 - Universum

ם	ם	ד	ע	ן	ת	ג	ה	ב	ר	ג	מ	ג	צ	ב	ן
ע	ג	ח	ד	ל	ף	ס	ח	ל	נ	ל	ל	ר	ה	צ	ב
ת	ש	פ	ג	ר	ר	צ	א	צ	ס	ק	ם	ת	ן	ר	ט
ע	ם	ל	ל	ע	ה	ו	מ	ע	ס	א	ק	פ	ו	א	ל
ג	ו	ח	א	ן	ו	נ	ף	י	מ	ס	ד	ע	ע	א	ס
י	נ	ע	ה	י	ו	נ	ה	ק	צ	ט	ת	מ	ף	ס	ק
ר	פ	כ	ר	ע	ש	צ	ט	ר	ס	ר	ב	ף	ט	ט	ו
א	ע	ה	פ	ג	מ	ט	ש	ס	ע	ו	נ	כ	ה	ר	פ
ל	ו	ל	ס	מ	ה	כ	ר	ס	ן	נ	ֵ	ד	י	ו	א
ר	ת	מ	י	ל	ו	ס	ד	נ	נ	ו	צ	ה	פ	נ	ו
נ	ח	נ	מ	ת	ק	ן	ת	נ	ף	ם	ַ	ל	ו	ו	ר
ס	ו	ב	ה	ן	ו	י	מ	ס	ו	ק	ח	כ	ך	מ	ך
ב	ש	ת	ם	ט	ר	ר	מ	א	ס	ט	ר	ו	א	י	ד
מ	ך	ג	ד	ח	ו	כ	א	ה	ר	י	ם	ה	ה	ה	ע
ף	ת	מ	צ	ר	ח	ת	ו	ל	ז	מ	ה	ל	ג	ל	ג
צ	א	ס	ת	ח	ב	א	ת	נ	ג	ת	ס	ד	ח	ג	ב

רקיע
אופק
קוסמי
אורך
ירח
מסלול
גלוי
היפוך
טלסקופ
גלגל המזלות

אסטרואיד
אסטרונום
אסטרונומיה
אווירה
נֶצַח
קו המשווה
קו רוחב
חושך
גלקסיה
המיספרה

9 - Camping

ם	א	א	פ	ל	ת	ח	ג	ע	ף	י	כ	ה	פ	ע	א
ג	נ	ם	ג	כ	ש	ר	ר	ה	ה	ע	מ	ה	נ	נ	ן
ס	ל	ר	ן	ל	ד	י	צ	ק	ר	ר	כ	כ	ח	ט	ס
ח	פ	ג	ת	ף	צ	ש	ב	ן	פ	צ	מ	נ	מ	ב	כ
ב	צ	ף	ה	ס	פ	ם	ג	א	ת	ף	ל	ס	ר	ע	ו
ל	ש	ן	ש	ם	מ	פ	ש	כ	ק	ו	ה	א	ש	ג	ב
ה	ר	צ	ג	ל	ג	ף	ח	צ	ה	ה	י	ר	ן	ג	ע
ו	ג	ה	ע	ה	מ	ר	ה	א	ס	ס	צ	ח	ל	ט	פ
א	ד	צ	נ	ש	ה	צ	ט	ם	כ	ן	ש	ת	ב	ס	ג
ד	א	ח	מ	ג	ה	מ	ח	צ	צ	מ	ל	ף	א	כ	ף
מ	מ	ג	ג	ה	צ	ש	ט	ף	ב	כ	ח	ב	ר	ט	ע
א	פ	כ	ל	ג	ה	מ	ס	א	ש	ר	ת	ה	ט	ת	ם
צ	ה	מ	ף	ן	ה	צ	ח	כ	א	ף	ם	ם	ג	ק	ט
ט	ג	נ	ע	ט	ט	ח	צ	ל	ל	ט	ג	ס	ם	א	ע
ח	ת	ף	ט	מ	ם	ה	ב	ש	ה	מ	צ	פ	ח	נ	ג
ן	כ	ש	ח	צ	ע	ס	ר	פ	ה	ע	ף	ל	ס	ו	ף

הרפתקה	מצפן
הר	פנס
אש	ירח
ערסל	טבע
כובע	אגם
חרק	חבל
ציד	כיף
תא	חיות
קאנו	יער
מפה	אוהל

10 - Zeit

ג	ע	ש	ל	ס	ב	נ	ן	ע	ב	ף	ס	ש	פ	ס	ם
ד	ם	ע	ש	פ	ה	י	ו	ם	ש	צ	ג	ב	ת	ש	צ
ג	ק	ה	א	מ	נ	ס	ע	ו	ן	ו	צ	ו	ש	נ	ה
ן	ע	ה	ת	ע	צ	י	ש	י	ת	ל	ר	ע	ד	ד	ל
ט	ד	ג	ט	ע	ם	ת	נ	ם	כ	ת	ה	ל	ו	ם	י
ם	ל	כ	ן	ג	פ	נ	ח	ח	ר	ה	נ	ש	ח	ו	ל
נ	ט	ד	כ	ג	צ	ש	ן	ת	ע	ט	ט	א	ל	ל	ה
ט	ן	ח	א	ב	ב	ג	צ	ה	ר	י	י	ם	ת	א	ח
ל	ע	ף	ת	ם	ר	כ	ל	א	ק	ב	ה	נ	כ	נ	ש
ר	ה	ב	מ	ר	ע	ש	ג	נ	ו	ד	ף	ע	ב	ש	ה
ן	ן	ע	ו	ל	ר	ס	ה	נ	ב	ע	צ	ע	צ	ש	ם
ג	כ	ן	ל	צ	ב	ד	ל	נ	כ	ת	ף	ף	ע	צ	ג
צ	כ	ף	ש	ה	ב	ם	ן	מ	ר	י	ת	ת	ה	מ	ל
ד	ס	ד	כ	ע	כ	ש	י	ו	ב	ד	ף	ן	ט	ת	ל
ה	כ	ת	נ	ן	ע	פ	כ	ד	ד	ן	ס	א	ה	ח	ף
ש	ג	ה	ם	ט	ת	ל	א	ח	ר	ב	ל	ב	ל	א	ש

חודש
בוקר
לאחר
לילה
שעה
יום
שעון
לפני
שבוע
עתיד

אתמול
היום
שנה
מאה
עשור
שנתי
עכשיו
לוח שנה
דקה
צהריים

11 - Säugetiere

ט	ד	ב	ש	ת	א	פ	ס	ף	ק	ן	ת	ב	א	ם	ג
ד	ט	ל	ו	ר	ל	י	צ	א	ו	ת	ת	ר	ל	י	י
ת	נ	כ	ה	נ	ה	ל	ם	א	ף	פ	פ	מ	ה	ש	ר
ז	ב	ר	ה	ח	ה	נ	מ	ר	ו	ש	נ	ז	א	ב	פ
ב	ל	ס	ן	ת	י	ו	ו	ל	צ	ו	ן	ת	ג	כ	ה
נ	ף	ם	כ	ו	ר	ו	ג	נ	ק	ר	ח	ס	ר	ה	ל
א	ה	ט	נ	ב	א	ם	ע	נ	ש	ב	ם	ו	ר	ן	י
ר	ש	נ	ת	ר	ט	ט	ה	ב	ד	כ	ט	ס	נ	כ	ר
ה	ב	כ	ר	ע	כ	מ	מ	א	צ	ע	כ	ן	צ	פ	ו
ש	ה	ן	ב	ב	ב	ט	ף	ד	ר	כ	מ	א	ת	כ	ג
מ	ג	ד	ל	א	ש	ת	ס	ר	ר	מ	ן	ן	ה	כ	ב
ב	ס	ס	ה	ז	ת	ת	ר	ם	פ	ש	פ	נ	ף	ע	ה
ג	ס	ר	ן	פ	ל	ג	ר	ת	ח	ת	מ	ע	ד	מ	מ
ה	כ	ח	א	ח	ר	ע	פ	ג	צ	ד	ש	ד	ד	ש	ב
ש	ו	ע	ל	ב	ג	ב	ס	ס	ר	ם	ו	א	ט	ח	כ
ן	ן	ף	ב	ג	ת	ט	ר	ח	ן	ג	ש	ב	ן	ף	צ

אריה
פנתר
סוס
עכברוש
כבשים
שור
נמר
לוויתן
זאב
זברה

קוף
דוב
בונה
פיל
שועל
ג'ירפה
גורילה
כלב
קנגורו
זאב ערבות

12 - Algebra

ר	מ	ס	ס	ף	ל	ל	ש	ן	ב	ח	ש	ט	ט	ן	כ
ג	ש	ס	ש	ת	ח	ט	ן	ת	ף	ר	פ	א	צ	ג	ע
ר	ת	כ	ב	ת	ט	ה	ר	ח	פ	ש	צ	ת	פ	ג	א
ף	נ	ג	ר	ל	ב	ש	ס	י	מ	ה	ט	ס	ח	ר	ח
פ	ה	ו	ב	ף	י	א	פ	ס	ש	ל	ך	י	ר	ע	מ
ש	ק	ר	ל	ם	מ	ש	ו	ו	א	ה	ף	פ	כ	ד	ס
נ	ף	ם	ד	ו	נ	ה	כ	ר	ן	ן	ו	ר	ת	פ	א
ה	ע	ת	צ	כ	ו	ס	ד	כ	כ	צ	ל	פ	ש	ט	ה
מ	ע	ן	ג	ס	ס	ן	מ	מ	ן	י	ש	ס	ר	מ	א
ל	ח	מ	ר	ת	ח	ט	ו	ה	נ	א	ס	מ	כ	ם	ט
מ	ט	ר	י	צ	ה	ת	ח	י	ע	י	כ	ב	ה	מ	כ
ף	מ	ר	ה	ח	ג	ע	א	ע	כ	נ	ף	ן	ל	ם	ד
א	ף	א	ם	ט	ח	ר	ר	ב	ם	ס	א	ן	כ	ח	מ
ת	צ	כ	ב	ע	י	ן	ל	ל	נ	ו	ם	ף	ף	ף	נ
פ	ן	ט	א	ם	ן	צ	ב	ח	פ	פ	ף	ט	ל	ש	ה
ש	א	צ	ע	ל	ן	ם	ג	ל	נ	י	כ	ט	ם	ף	ט

מטריצה
כמות
אפס
מספר
בעיה
חיסור
סכום
אינסופי
משתנה
לפשט

שבר
תרשים
מעריך
גורם
שקר
נוסחה
משוואה
גרף
ליניארי
פתרון

13 - Diplomatie

י	ל	פ	ש	ס	ת	ג	ג	ש	ס	ט	ם	ס	ת	ד	כ
ו	ח	ם	ג	ט	כ	ג	צ	י	ף	ר	ב	פ	ד	ל	מ
ע	ע	ט	ר	ד	ד	ר	ף	ת	ש	ת	ת	ע	ר	פ	ן
ץ	צ	ג	י	א	ב	ל	ש	ו	ן	ג	ה	ל	ש	מ	מ
ת	א	ג	ר	ן	א	צ	ב	ף	ת	ו	ר	י	ר	ג	ש
ה	ן	ף	מ	ף	ס	ד	פ	פ	פ	ת	ר	ע	ת	א	ס
מ	ה	מ	מ	פ	ס	ק	נ	ע	י	ף	פ	ש	ס	ל	א
צ	ק	ק	ה	י	ל	ה	י	ו	ו	צ	ת	ר	ג	מ	ד
ת	י	ד	ן	פ	ת	ק	ר	ל	ש	ם	ר	ט	נ	ח	ד
צ	ט	נ	פ	נ	ו	י	ט	ה	ר	ז	ו	ה	ש	ת	א
פ	י	ם	ג	ב	פ	ת	י	ן	ה	ר	ן	ב	ס	ח	ב
ל	ל	ש	ש	פ	ש	א	נ	ן	ס	א	ז	ר	ח	י	ם
ע	ו	כ	ב	מ	י	ט	מ	ו	ל	פ	י	ד	ט	ד	ח
ת	פ	ם	ש	ח	ם	ג	ו	א	ר	ר	מ	ח	ת	י	צ
ט	ת	ה	ד	ח	ג	ש	ה	ה	ן	צ	ו	ם	ט	ו	ל
כ	ע	צ	ן	ל	ף	מ	ג	ל	ס	ן	ל	ן	ס	ן	ם

הומניטרי
יושרה
התנגשות
פתרון
פוליטיקה
ממשלה
ביטחון
שפות
אמנה
שיתוף פעולה

זר
יועץ
שגרירות
שגריר
אזרחים
דיפלומטי
דיון
אתיקה
קהילה
צדק

14 - Astronomie

כ	ף	ת	כ	ר	ק	ו	ס	מ	ו	ס	ר	ו	א	ט	מ
ד	ר	ט	ק	ת	ב	פ	ד	ת	ו	א	ב	כ	ו	כ	ת
ו	ש	י	ב	מ	ע	ל	כ	פ	פ	ס	נ	ר	כ	ב	ת
ר	ע	ט	ד	ר	פ	ע	ר	ו	ה	ט	ן	ר	ה	ל	ג
ה	ס	מ	ת	ע	א	נ	ט	ק	ח	ר	ב	ה	ן	ג	ל
א	ג	ב	ש	א	ו	ד	א	ס	ן	ו	ן	נ	מ	א	ג
ר	ש	צ	ט	ב	ט	י	צ	ל	ש	נ	ד	ר	ס	ר	ל
ץ	ט	ח	ה	ר	צ	א	ת	ט	ה	ו	ת	ט	צ	י	ה
ק	ב	ו	צ	ת	כ	ו	כ	ב	י	ם	ר	ר	ף	ר	מ
ן	ם	ו	ק	י	ל	ר	ל	ע	ף	ו	ם	ם	ר	ח	ז
ה	נ	ה	א	ח	ו	ט	ב	ף	נ	פ	ח	ת	ב	ן	ל
א	פ	ג	א	ח	ו	ס	כ	א	פ	ס	ע	ט	ת	ב	ו
מ	ע	א	ב	ע	י	א	ו	ס	ה	ה	פ	צ	מ	ה	ת
מ	ח	צ	ת	ש	י	ט	כ	ב	ס	צ	נ	ר	ח	ט	נ
ח	ם	ף	ש	פ	ן	ט	י	ב	ש	ב	כ	ו	כ	ק	ן
ם	ן	ד	פ	ם	כ	נ	ת	י	ל	י	פ	ר	ע	ר	מ

אסטרואיד
אסטרונאוט
אסטרונום
כדור הארץ
רקיע
כוכב שביט
קבוצת כוכבים
קוסמוס
מטאור
ירח

ערפילית
המצפה
כוכב לכת
רקטה
לוויין
כוכב
סופרנובה
טלסקופ
גלגל המזלות
יקום

15 - Ballett

א	מ	נ	ו	ת	י	ה	ק	י	נ	כ	ט	ה	כ	ן	ל
נ	נ	א	כ	ע	ר	ם	ג	צ	כ	ס	ר	ה	ג	צ	ג
ת	פ	ס	ן	ח	ף	ש	כ	א	ב	ע	ק	ט	פ	ר	צ
ף	ס	ע	צ	ן	ן	ת	ר	ן	ח	ל	ד	ר	מ	ה	ר
ן	נ	ח	ת	ו	נ	מ	ו	י	מ	ה	נ	ה	ב	ב	ת
ף	ף	ג	מ	נ	ח	ר	כ	ח	ר	ח	י	ס	י	ט	ח
צ	ת	ח	צ	ג	א	ן	ד	ל	ן	י	ם	ח	ע	א	א
פ	ח	ת	ו	ס	מ	מ	צ	מ	ח	ד	ם	י	פ	ר	ג
ע	ע	ת	ע	ס	ו	ל	ו	ח	ע	ר	ד	נ	ג	ד	ד
כ	ו	ר	י	א	ו	ג	ר	פ	י	ה	מ	נ	ס	ר	פ
ג	ת	ן	ס	ף	ן	ב	ף	ף	ב	ו	ת	י	כ	צ	ן
ל	צ	ם	ף	ח	כ	א	ד	ן	פ	ו	ז	פ	ה	ה	פ
ה	ב	ס	צ	ט	ט	מ	ב	ם	ב	ח	מ	ח	פ	ש	ה
ע	ל	ל	ו	ג	ר	ת	נ	ל	מ	מ	ו	ש	ה	כ	ס
ח	ז	ר	ה	ק	י	ז	ו	מ	ש	ד	ר	ה	ס	א	ד
ת	ם	כ	ש	ק	ן	כ	ע	ל	ל	ן	ת	ע	ד	מ	ת

חינני
מביע
כוריאוגרפיה
מיומנות
מחווה
עוצמת
מלחין
אמנותי
מוזיקה
שרירים

תזמורת
תרגול
חזרה
קהל
קצב
סולו
סגנון
רקדנים
טכניקה

16 - Strand

ח	ר	ג	ת	צ	צ	ם	נ	ר	מ	צ	מ	ש	מ	ד	א
מ	ב	ת	כ	כ	ג	פ	ב	ה	ן	ג	ד	מ	פ	ב	ו
כ	כ	ע	ה	צ	ט	צ	ם	ה	ח	ר	ב	ש	ר	ם	ק
ט	ת	ש	ר	פ	ף	ט	ב	ס	ר	ת	ד	ת	ש	פ	י
ב	ף	פ	ת	ב	ט	ל	כ	ב	צ	ר	ח	ו	י	א	י
ח	ו	ל	ר	ט	ג	א	ש	ף	ד	ל	ש	ח	ת	י	נ
ד	ח	ר	ו	ס	ר	ט	ן	ג	ב	ף	פ	ש	ב	ח	ו
צ	ח	ש	ר	ח	ב	ע	ג	א	צ	ם	י	ל	ד	נ	ס
ח	ס	ב	ג	ל	כ	ה	ע	ף	צ	ב	פ	נ	ם	ר	ג
ס	צ	ע	ב	א	ש	ם	מ	ף	ן	ת	ס	ל	ת	ט	ג
ה	ם	ס	ש	ף	ל	ש	צ	כ	ת	ה	כ	ף	ש	ף	ט
נ	ג	כ	ן	ן	נ	פ	ח	ס	ת	ה	ב	ה	ו	ת	ל
מ	נ	צ	פ	ש	ח	ד	צ	ן	ר	ט	מ	י	נ	מ	א
נ	ת	ת	נ	ף	ף	ב	ש	ח	ה	פ	ה	ר	י	ס	פ
ר	פ	ף	א	ש	ת	א	ם	נ	ס	ד	א	ט	ת	ה	ר
ל	ג	ו	נ	ה	ש	פ	ו	ח	נ	א	ד	מ	ל	ף	כ

אוקיינוס
מטריה
שונית
חול
סנדלים
לשחות
מפרשית
שמש
חופשה

כחול
סירה
עגן
מגבת
אי
סרטן
חוף
לגונה
ים

17 - Geologie

ג	ב	ס	מ	ר	ב	ד	ל	מ	נ	ע	ס	ד	ל	ם	ן
מ	ד	ם	ש	ו	ע	ן	ב	ד	מ	ף	ר	צ	ם	ס	א
ש	ח	י	ק	ה	ת	י	ה	ש	ח	פ	ש	כ	ר	ס	ף
ע	ר	ל	ה	צ	ש	כ	ד	א	ב	ן	נ	ט	י	ף	ת
ג	ה	ר	ע	מ	ב	ר	ת	ת	ר	ש	ח	ג	נ	ט	ע
ר	ל	נ	ט	ו	י	ב	ט	ב	א	ט	ם	ף	ן	ה	ב
ה	א	י	נ	ח	ף	א	ב	ד	ן	ד	י	ס	מ	מ	א
ג	ו	מ	ל	א	מ	א	ו	ב	ן	ר	מ	מ	נ	ח	ם
ה	ט	ר	מ	ה	ף	ש	ם	ל	ע	ש	ט	ה	ם	ז	ם
ס	ל	צ	צ	ר	ל	ש	ה	ף	ב	ה	ס	ח	ע	ו	ע
ט	ה	ס	ס	ע	ד	פ	ד	ד	ג	פ	ת	ן	צ	ר	ה
ח	ת	ט	נ	ם	ל	ש	ד	צ	א	ל	ל	פ	ט	י	א
צ	ב	ג	ב	ש	ג	ח	ן	ס	ר	ז	י	י	ג	ם	ש
ל	צ	ד	ג	כ	ר	ק	ו	ו	ר	ץ	ו	ר	מ	ה	ף
צ	ד	ש	נ	מ	ל	ה	ר	ף	ת	ס	פ	ר	ן	ב	כ
מ	ל	ן	צ	ם	ח	ל	מ	ל	ח	ד	ן	ב	נ	ת	ל

רעידת אדמה	מינרלים
שחיקה	רמה
מאובן	קוורץ
מותכת	מלח
גייזר	חומצה
מערה	נטיף
סידן	אבן
יבשת	הר געש
אלמוג	אזור
לבה	מחזורים

18 - Wissenschaft

ף	ה	פ	ה	כ	ס	צ	ח	נ	כ	ל	ף	ן	פ	נ	מ
כ	נ	ת	ד	נ	ש	י	ט	ה	ת	י	מ	מ	י	ן	ע
ף	ף	פ	ב	ש	ח	ם	ן	ב	ו	א	מ	א	ז	ג	ב
ש	ח	ם	ו	ט	א	ה	ס	א	ל	ה	ע	י	י	נ	ד
ח	כ	ל	ע	מ	ד	ע	ן	ם	ו	ג	כ	ה	ק	י	ה
ר	נ	ס	פ	ר	כ	פ	ש	ג	ק	ח	ש	ט	ה	ס	פ
ח	ל	ק	י	ק	י	ם	מ	ס	ל	נ	כ	ה	י	ו	ן
ד	מ	נ	ת	ט	צ	י	ם	ס	ו	ל	ט	ה	צ	י	ש
א	צ	ן	ט	ה	ן	ל	ל	פ	מ	נ	ת	א	ו	ן	ג
פ	ו	נ	ח	ה	ס	ר	נ	ת	ו	נ	י	ם	ל	ן	מ
ח	ג	ר	ד	ב	מ	נ	ע	ל	ע	מ	ם	י	ו	ש	ס
צ	ב	פ	ג	ן	ע	י	נ	ט	ת	ל	כ	ח	ב	ל	ד
ל	א	ף	ל	נ	כ	מ	ת	ג	ף	ר	ד	מ	א	ן	ג
ג	ט	ד	ר	ש	י	פ	ט	ד	ד	ד	ב	צ	ר	ף	כ
ש	ת	ל	ש	ע	ת	ז	ת	ף	צ	ן	ע	ט	ב	ע	ף
ש	ע	ה	ח	ד	נ	ת	ם	י	ל	ק	א	ן	א	נ	ם

אטום
כימי
נתונים
אבולוציה
ניסוי
מאובן
הנחה
אקלים
מעבדה
שיטה

מינרלים
מולקולות
טבע
אורגניזם
חלקיקים
צמחים
פיזיקה
עובדה
מדען

19 - Bildende Kunst

ש	ת	פ	ב	ל	נ	א	ט	כ	ן	מ	א	ת	י	ן	ס
ח	ם	צ	פ	פ	ט	א	ב	ר	ש	ן	ש	צ	ג	י	ר
כ	ף	ד	ר	ס	ב	ג	ש	ק	ר	מ	י	ק	ה	ף	ט
ל	צ	י	ס	ע	א	ס	ף	ל	ב	ר	ה	ם	כ	ש	ע
ס	נ	ו	פ	י	ב	כ	ד	מ	ת	ף	א	ג	ל	ש	ש
ד	א	ק	ק	פ	ס	מ	ע	מ	ף	ג	ח	ל	ד	ע	ג
כ	א	ן	ט	ר	ח	ח	ו	ם	מ	א	ה	ה	ו	ת	ה
ש	ף	צ	י	ו	פ	פ	ן	ח	מ	ד	ה	ו	ם	ח	ח
ה	ר	כ	ב	ן	ת	ס	ל	ח	ן	ד	ה	פ	ֶ	מ	ע
ם	ח	פ	ה	ת	ו	ל	כ	י	ר	ד	א	ר	ר	ד	ם
ט	א	ח	ג	צ	י	י	ט	ר	ט	ש	ֶ	ע	ל	מ	ד
ל	צ	ש	ש	י	ת	ס	צ	א	ה	ס	ט	ן	נ	א	ב
כ	ן	צ	י	ו	ר	נ	ף	ן	ן	כ	ע	א	ב	ה	מ
ה	ח	ב	ח	ר	י	ט	ע	ם	ף	ע	ת	א	מ	ל	נ
ת	צ	פ	ר	ב	צ	ס	ן	ם	מ	א	ג	ס	כ	ע	ע
ת	כ	ר	ח	ג	י	פ	ר	ח	צ	ם	ס	צ	ן	ס	ס

יצירת מופת
פרספקטיבה
דיוקן
סטנסיל
כן ציור
עט
חֶרֶס
שעווה
הרכב

אדריכלות
עיפרון
סרט
ציור
פחם
קרמיקה
יצירתיות
גיר
אמן
לכה

20 - Sport

נ	ת	ם	ה	צ	ס	כ	א	ע	צ	ל	ן	ה	ל	ר	פ
מ	ר	י	ק	ו	ד	ן	ג	ה	צ	ן	נ	פ	מ	י	ג
ה	ט	א	י	ד	ש	פ	י	ף	ן	מ	א	מ	ק	צ	ה
ד	ב	ב	ב	ט	ג	ש	ע	כ	ל	פ	ו	ף	ס	ה	ל
ש	כ	צ	ו	ה	ו	ת	מ	ג	ו	ג	ע	ת	ם	ח	ש
ע	ל	א	ע	ל	ף	ס	ם	ם	ט	ל	מ	ט	ר	ה	ח
ש	כ	ו	ח	צ	י	פ	ש	ף	צ	נ	ת	מ	נ	צ	ו
ת	ז	ו	נ	ה	ס	ו	ס	פ	ו	ר	ט	א	י	ב	ת
ס	י	ב	ו	ל	ת	ר	ל	ב	ו	כ	ל	י	ד	ם	ב
ת	כ	נ	י	ת	ן	ט	ס	ט	פ	ן	א	נ	א	י	ר
א	ף	ש	פ	ן	ף	כ	ר	ב	ג	ל	ס	נ	ע	ר	י
צ	א	ג	ה	ף	ן	נ	ח	ת	ג	ר	ר	ש	מ	י	א
ס	ע	ר	פ	ש	א	מ	ט	פ	ט	צ	פ	ר	ס	ר	ו
נ	ב	ן	ף	ח	ח	פ	ר	ם	ר	א	ן	ף	צ	ש	ת
צ	נ	ם	ר	ר	נ	א	ס	ב	ע	נ	צ	ס	ע	ה	כ
ד	ף	ה	ר	ר	מ	ד	ר	ן	ב	מ	ד	ר	פ	ד	ס

למקסם
מטבולי
שרירים
תכנית
לשחות
ספורט
כוח
ריקוד
מאמן
מטרה

ספורטאי
סיבולת
דיאטה
תזונה
יכולת
בריאות
ריצה
לב וכלי דם
עצמות
גוף

21 - Mythologie

ע	ן	ף	ב	ן	ה	ת	צ	כ	ל	ל	ג	ך	ס	ה	ה
ג	מ	ת	ס	ג	ר	ע	ג	ע	ח	כ	ת	ו	ב	ר	ת
ה	ר	ש	ד	צ	ע	ע	י	ם	ע	א	פ	ב	ל	י	ו
ג	ש	ם	ם	ס	ג	ל	ב	ח	ט	י	כ	מ	ט	צ	מ
ל	ת	ה	ת	נ	ה	ג	ו	ת	ט	ח	כ	ג	ם	י	ת
א	ל	י	א	ם	פ	ף	ר	ב	ף	ש	צ	ס	כ	ב	ן
ס	ה	צ	ג	ת	ן	ח	א	ר	ר	ה	ב	ג	ו	ע	ב
ו	ן	ו	כ	א	פ	נ	ק	מ	ה	ד	ג	א	ח	ף	נ
ן	ן	ר	ח	ם	ב	ה	א	נ	ק	מ	א	מ	ט	ן	ט
ו	ג	ף	מ	ט	ר	ט	ת	ם	פ	ף	ט	כ	ט	צ	ד
ח	ב	מ	נ	א	ל	ט	ח	ל	ס	ח	ם	ס	כ	ט	ם
צ	ט	ש	ן	מ	ר	ח	צ	ק	ס	ו	ם	ע	ר	ב	ם
י	צ	ב	ן	ע	מ	ת	ַ	ט	ש	א	ח	כ	ח	ב	ט
נ	נ	ר	ן	ט	ס	ף	ֵ	פ	ע	ב	ו	ה	ע	ה	ב
צ	ס	ס	ד	ר	א	ש	נ	פ	ל	מ	ל	ף	פ	ר	ש
מ	נ	ם	ד	ש	ד	ר	ן	ן	פ	ש	ע	ע	ק	נ	ר

מבוך
אגדה
קסום
מפלצת
נקמה
כוח
בן תמותה
ניצחון
נֶצַח
התנהגות

אבטיפוס
ברק
רעם
קנאה
גיבור
אסון
יצירה
יצור
לוחם
תרבות

22 - Restaurant #2

ג	א	מ	ל	צ	ר	ח	צ	ם	א	ס	י	כ	ב	ת	פ
ש	ט	מ	ת	א	ב	ן	ף	ק	ר	מ	ח	ר	ק	מ	א
א	ר	ת	ר	ח	ף	מ	א	ף	ו	כ	ז	נ	ק	נ	ח
ר	י	ב	פ	ר	כ	ם	ט	ד	ח	ל	מ	ל	ע	ו	ף
ו	ו	ל	צ	ף	ב	ט	ף	ג	ת	ט	נ	ם	ג	ם	ת
ח	ת	י	כ	צ	כ	ב	ת	ט	צ	נ	ש	ר	פ	ט	ס
ת	ם	נ	ד	ף	מ	ס	ב	ג	ה	פ	י	ר	ו	ת	ל
ע	נ	י	נ	ג	ף	ל	ל	פ	ר	ן	ף	ג	ם	ה	ט
ר	ס	ם	ם	כ	ן	כ	ח	ט	י	ר	א	נ	ל	ב	ר
ב	ט	י	ג	ג	ג	ף	ם	ס	י	פ	א	ף	ה	ה	כ
ן	ה	מ	ס	א	ט	ף	ב	ב	ם	י	ע	ט	ת	ע	ת
ט	א	ד	ל	ש	צ	פ	ת	ה	ח	י	ר	ט	ן	א	ף
ש	ט	ר	ה	ם	ע	ר	פ	ב	ר	כ	צ	פ	א	ת	פ
ה	ש	מ	ל	כ	כ	ת	ט	א	ש	ף	נ	י	פ	ס	ר
ש	ע	ו	ג	ה	ל	ף	ט	ר	ל	ד	ן	ה	ב	ע	ה
א	כ	ף	ח	ן	ל	צ	ש	פ	ר	מ	ן	ד	ח	ב	א

עוגה
כף
ארוחת צהריים
אטריות
סלט
מלח
כיסא
מרק
מתאבן
מים

ארוחת ערב
ביצים
קרח
דג
פירות
מזלג
ירקות
תבלינים
מלצר
טעים

23 - Schokolade

ק	ל	ד	ק	ו	ת	מ	ח	ע	א	ט	ה	כ	כ	ב	ל
ק	ל	ן	ח	ג	ל	מ	ר	ק	ן	ם	מ	ל	ב	ו	א
א	ס	ד	ף	ד	ת	צ	ח	י	ר	ש	ב	ת	כ	ט	כ
ו	א	ט	ר	ע	ה	ן	ס	ר	ר	א	ה	ו	ב	נ	ו
א	ב	ק	ה	ם	ם	ה	ב	ג	צ	ח	ל	ק	ר	י	ל
ב	ג	ש	ס	ה	ם	ע	נ	ח	ש	ר	צ	ק	ה	ם	ע
ת	א	ף	פ	ג	ר	ש	ס	ף	צ	ס	א	ו	נ	ב	ח
ם	ם	ד	ט	ן	ג	ס	ג	ר	ח	ע	ל	ת	ג	ט	ט
ת	כ	ד	נ	ע	ט	ע	י	ם	ש	מ	א	ש	ג	צ	ג
ן	ט	ש	ג	ן	ם	פ	ף	א	ש	ח	ף	ה	ב	צ	ל
א	מ	ת	כ	ו	ן	ל	מ	צ	ל	ר	ף	מ	ע	ס	ט
ק	ל	ט	ג	ר	ת	ח	נ	מ	ר	ר	צ	מ	ף	ו	כ
ז	נ	ף	ש	ח	ל	ח	ן	א	י	ב	ו	ת	ת	ק	ט
ו	מ	ר	כ	י	ב	נ	ם	ה	ק	ל	ו	ר	י	ו	ת
ט	ל	ה	ר	ג	ף	ס	ע	ח	ף	ב	ד	ס	א	ק	ם
י	ט	ט	ג	ה	ש	נ	ו	ג	ד	ח	מ	צ	ו	ן	ע

קוקוס
טעים
אבקה
איכות
מתכון
מתוק
השתוקקות
סוכר
מרכיב

נוגד חמצון
מריר
בוטנים
לאכול
אקזוטי
אהוב
טעם
קקאו
קלוריות
קרמל

24 - Boote

ד	ה	כ	ח	ר	ה	נ	ע	י	א	כ	ט	ה	ר	ב	ח
מ	ה	צ	ש	כ	פ	נ	ג	כ	ד	ת	ד	נ	ח	ן	ר
י	ב	כ	ע	ח	ת	ס	ן	ג	ו	ע	ד	נ	ח	ט	נ
ם	צ	ה	ג	כ	מ	מ	ו	נ	א	ק	א	י	ק	כ	כ
י	כ	ף	ש	נ	ג	פ	ח	ד	ן	צ	נ	ט	כ	ג	ן
ל	צ	א	ש	ג	ף	ח	ר	ב	ה	ס	א	פ	ת	ר	ר
ג	ש	ש	ש	ט	ל	ף	ף	ש	ל	ר	ח	פ	ן	ח	ל
צ	ו	ו	ת	ל	ש	ט	מ	ר	י	ר	פ	ף	ב	ף	ט
נ	ל	ג	ס	ג	ע	א	ג	ש	מ	ת	נ	ם	ם	ת	ע
ת	צ	כ	ף	ע	ט	ם	ב	ת	י	ס	פ	ל	נ	ח	ט
ר	ה	ם	ח	ט	כ	ף	ח	מ	ל	פ	ש	ד	ה	פ	צ
ה	ס	ח	ת	ת	ד	ד	פ	ע	צ	ת	ל	ר	ב	א	צ
מ	נ	ו	ע	מ	מ	ל	ח	ב	ט	צ	ד	נ	ס	פ	ע
ר	ד	ת	מ	ר	ב	כ	נ	ו	נ	ס	ג	א	ל	כ	ע
א	ו	ק	י	י	נ	ו	ס	ר	ת	ו	ר	ן	א	ג	ם
ב	נ	ט	ה	צ	כ	ם	ת	ת	ע	מ	צ	ו	ף	ת	ג

ים
מנוע
ימי
אוקיינוס
אגם
מלח
מפרשית
חבל
גלים
יאכטה

עוגן
מצוף
צוות
עגן
מעבורת
רפסודה
נהר
קיאק
קאנו
תורן

25 - Stadt

ה	ט	י	ס	ר	ב	י	נ	ו	א	מ	מ	ד	מ	א	כ
ף	ר	ן	ם	ו	ק	ו	ל	נ	ו	ע	ל	ט	מ	צ	א
פ	ר	ח	י	ם	פ	ן	ח	ש	ף	ע	ו	נ	ף	ט	ר
ל	צ	ה	מ	ף	ר	ר	צ	ד	ד	מ	ן	ב	ש	ד	ג
ב	ל	ט	ב	צ	מ	ט	מ	ט	א	ה	ס	ה	ם	י	ן
ב	י	ת	מ	ר	ק	ח	ת	ר	א	ף	ת	ע	ת	ו	ח
ד	ג	ת	ק	נ	ב	ב	צ	ה	ק	ג	ף	ע	ד	ן	י
ט	ח	נ	ו	ת	ס	פ	ר	י	ם	ט	ם	ש	ו	ה	ו
מ	ר	ש	ש	פ	ד	ס	פ	ר	מ	ר	פ	א	ה	פ	ת
ם	א	א	ת	ן	ח	ה	ס	פ	כ	ב	ה	מ	י	נ	ה
ג	ל	ר	י	ה	ט	ד	ת	ס	ם	ח	ס	נ	י	ח	ם
ת	ב	ן	ש	ש	ל	א	י	ת	ן	א	ח	ן	פ	נ	ש
מ	ו	ז	י	א	ו	ן	ב	ן	ן	ו	ר	ט	א	י	ת
נ	ף	צ	ה	ב	ב	ם	ף	ה	ע	ם	פ	ת	מ	ב	ד
כ	ג	ר	ס	ם	ט	ם	צ	ד	ש	ת	מ	ן	א	ט	א
פ	מ	ט	א	ח	פ	צ	ן	ט	א	ב	ג	ד	ב	ל	ג

מרפאה
שוק
מוזיאון
מסעדה
בית ספר
אצטדיון
סופרמרקט
תיאטרון
אוניברסיטה
גן חיות

בית מרקחת
בנק
מאפייה
ספריה
פרחים
חנות ספרים
שדה תעופה
גלריה
מלון
קולנוע

26 - Aktivitäten

ל	ב	ה	א	י	ר	ק	צ	ד	ל	ט	פ	ר	נ	א	ם
ב	ט	ר	מ	ש	ח	ק	י	ם	ד	ם	ע	ם	ר	ף	ן
ש	א	נ	ח	צ	י	ל	ו	ם	ת	פ	י	ר	ה	ב	ת
ט	כ	פ	ב	ת	כ	ן	ר	ר	ר	ן	ל	ח	נ	פ	ף
ר	ר	ף	ע	ה	ר	פ	י	ה	צ	ס	ו	ל	צ	ף	כ
ם	ת	נ	ד	א	ן	ק	ס	ם	ט	פ	ת	ת	ע	א	ב
א	ו	ף	ט	מ	ו	ב	ס	ט	ר	ד	ו	ח	ף	א	א
ג	נ	צ	פ	ד	נ	ן	ק	מ	פ	י	נ	ג	ת	ח	א
ש	מ	נ	פ	י	י	מ	ל	נ	צ	ת	מ	ע	ע	ע	ט
צ	א	ע	ש	צ	ג	מ	ב	ג	ד	כ	ו	ם	כ	ת	ט
י	ס	ט	כ	ס	ה	מ	ש	ף	מ	א	י	ע	ח	צ	י
ת	ה	ג	י	ר	ס	ש	ח	כ	ה	ל	מ	ף	מ	א	ו
ב	ל	ע	מ	ד	ם	מ	ד	ה	ם	מ	מ	ג	א	ס	ל
א	ע	נ	ט	ד	ד	ג	ם	ע	מ	ע	צ	ף	ת	ף	י
ף	ע	ד	כ	ס	י	ג	ה	ב	ס	פ	ש	א	ס	ש	ם
ל	ת	ל	ה	ד	ג	ח	ה	ט	מ	כ	ט	ן	ג	ר	ן

פעילות
דיג
קמפינג
הרפיה
מיומנות
צילום
פנאי
גינון
ציור
צייד

אמנות
מלאכת יד
קריאה
קסם
תפירה
משחקים
סריגה
ריקוד
תענוג
טיולים

27 - Bienen

ה	ק	ב	א	ס	ש	ס	ג	מ	ש	ש	ע	ן	ה	צ	ב
כ	ו	ו	ר	ת	ג	ת	ן	א	ע	מ	ן	ש	ט	ן	נ
ל	י	ע	ו	מ	פ	ג	א	ב	ו	מ	ת	ג	פ	ד	פ
מ	ה	צ	צ	ן	ס	ת	א	ן	ו	ם	ר	ר	ן	ג	י
צ	מ	ח	י	ם	י	ח	ר	פ	ה	פ	י	ר	ו	ת	י
ם	ב	ב	ר	ג	ר	ג	ב	ל	ט	ג	ת	ב	ז	ן	ם
ף	א	ל	ח	ל	ס	ד	נ	ד	ג	ד	פ	ד	מ	ג	ד
ע	ש	ן	ו	ו	י	ג	ח	ף	א	ע	מ	ה	ה	ר	ר
כ	מ	ל	ב	ט	פ	ל	י	ה	ח	ד	ח	צ	ל	מ	פ
ש	ש	א	ג	ן	פ	פ	ל	מ	כ	ן	ת	ח	ה	ג	ן
ע	ב	ן	ב	ב	ח	ר	ן	ע	ן	כ	ה	ש	ב	ף	ם
ג	ד	צ	א	י	ל	ם	י	פ	ר	ן	ת	ר	ב	ס	פ
פ	ב	ח	ת	ן	ק	ל	ט	ח	מ	ח	ן	ג	ת	ן	ס
א	ב	ר	ן	ש	ל	ש	ג	ס	ה	ח	ר	ג	פ	ף	ה
ף	פ	ב	ר	פ	ט	ם	ע	צ	ס	מ	צ	ק	ט	ת	כ
ש	ד	נ	ר	ט	ד	א	ר	א	ן	צ	נ	ן	ל	נ	ר

מלכה
צמחים
אבקה
עשן
נחיל
שמש
גיוון
מועיל
שעווה

מאביק
כוורת
פרחים
פריחה
מזון
כנפיים
פירות
גן
דבש
חרק

28 - Wissenschaftliche Disziplinen

פ	ש	ם	ף	פ	ש	נ	ב	א	מ	ה	נ	ם	ה	נ	ן
ג	י	ב	ש	ש	ה	כ	ו	נ	י	ם	ח	ה	י	ו	נ
ם	י	ז	פ	ש	י	ח	ט	ט	נ	ש	ד	י	ג	י	א
מ	ע	א	י	מ	ג	ש	נ	ו	ר	ן	ם	ג	ו	ר	ר
ב	פ	ש	ו	ו	ו	ף	י	מ	ל	ם	ל	ו	ל	ו	כ
כ	ס	ח	א	ל	ל	ר	ק	י	ו	מ	פ	ל	ו	ל	א
ב	י	ב	ש	ת	ו	ו	ה	ה	ג	ן	ף	ו	נ	ו	ו
ל	כ	ב	נ	ר	י	ג	ג	א	י	מ	ס	י	ו	ג	ל
ש	ו	י	ד	ן	ס	ד	י	י	ה	צ	צ	צ	מ	י	ו
נ	ל	ו	ף	ל	נ	ט	ף	ה	ה	ה	ם	ו	י	ה	ג
ו	ו	ל	כ	ה	י	מ	ו	נ	ו	ר	ט	ס	א	ח	י
ת	ג	ו	י	ד	ק	כ	ן	ל	ב	ס	א	ף	ע	ת	ה
ס	י	ג	מ	כ	ף	נ	ז	ו	א	ו	ל	ו	ג	י	ה
ח	ה	י	י	ע	ה	י	מ	כ	י	ו	י	ב	א	צ	נ
צ	צ	ה	ה	ת	ה	ק	י	מ	נ	י	ד	ו	מ	ר	ת
ד	צ	ר	צ	א	ס	ה	י	ג	ו	ל	ו	ק	א	ג	ד

אנטומיה
ארכאולוגיה
אסטרונומיה
ביוכימיה
ביולוגיה
בוטניקה
כימיה
גיאולוגיה
אימונולוגיה
קינסיולוגיה

בלשנות
מכניקה
מינרלוגיה
נוירולוגיה
אקולוגיה
פיזיולוגיה
פסיכולוגיה
סוציולוגיה
תרמודינמיקה
זואולוגיה

29 - Vögel

מ	ש	ט	ת	ד	מ	ם	פ	כ	ש	כ	כ	נ	נ	ש	ד
ש	ם	נ	פ	ת	ר	כ	ל	ת	ש	מ	כ	מ	ה	ס	פ
ע	א	ב	ן	ר	ת	ל	מ	ל	ר	ס	ע	ה	ב	כ	ש
ג	ר	ט	ם	ס	ה	ד	י	א	ט	נ	ט	ן	ה	ת	ף
פ	פ	א	ו	ו	ז	נ	נ	ח	נ	ד	ה	ע	ג	ד	נ
ר	כ	ד	ס	נ	ש	ר	ג	ת	ע	פ	ף	ד	ח	ף	ס
ל	ה	ם	ף	ח	ד	ם	ו	י	ח	ב	ה	צ	י	ב	ח
ש	ן	ב	ת	ג	ס	צ	ן	כ	ו	ר	ל	ד	ף	צ	כ
ח	ר	ה	צ	ח	ח	ת	ט	ו	ת	נ	ט	מ	ע	ב	ש
ף	ש	ד	ח	ב	ס	ר	ם	ת	ש	ב	ה	ד	י	ס	ח
ו	ק	פ	י	נ	ג	ו	ו	י	ן	ר	י	ח	ש	ש	ה
ע	נ	ב	ר	ו	ו	ז	י	ש	ט	ב	י	נ	נ	מ	ת
ד	א	א	ר	ס	ג	ב	נ	ד	ו	ו	ק	ר	ד	ט	ס
פ	י	א	ל	ו	א	ף	ש	ר	ק	ר	ו	ן	ע	ר	ג
נ	ע	א	מ	ת	ע	ג	ו	ו	א	מ	ק	ט	ו	ו	ס
ס	ן	צ	א	ע	ר	ס	ף	ר	ן	ש	ף	מ	ן	ת	ש

נשר
ביצה
ברווז
ינשוף
פלמינגו
אווז
עוף
עורב
קוקייה
שחף

תוכי
שקנאי
טווס
פינגווין
אנפה
ברבור
דרור
חסידה
יונה
טוקאן

30 - Biologie

ר	א	ס	ש	ס	ס	צ	ד	ה	ש	ת	ף	מ	ס	ה	ר
צ	נ	ת	ח	ף	י	י	ב	ס	ג	כ	מ	ו	ר	פ	ג
ש	ה	ת	א	ש	ע	נ	מ	ד	ס	ג	נ	ט	צ	ע	פ
ט	ו	ש	ה	ט	ב	ס	פ	ב	ת	ח	ת	צ	צ	כ	ח
ד	ר	ן	ד	ת	ט	ה	מ	ס	י	ן	ל	י	ג	ע	צ
ז	מ	נ	כ	ש	ד	ב	צ	ע	ה	ו	ה	ה	א	נ	ה
ו	ו	ח	ח	ש	נ	צ	כ	ש	נ	ר	ז	ק	נ	ו	י
ח	ן	ן	ע	מ	ע	ן	ח	ר	ר	י	ת	ה	ט	צ	צ
ל	ר	ם	ו	ז	ו	מ	ו	ר	כ	ו	נ	ן	ו	צ	ו
פ	ר	א	ב	ב	ל	ל	ד	ה	פ	נ	י	צ	מ	ת	ל
כ	ע	ט	ר	נ	ל	א	נ	ז	י	ם	ס	מ	י	ק	ו
ף	ר	ש	ב	מ	ס	ח	ע	ו	נ	ב	ו	ח	ה	ו	ב
ע	ש	ת	ף	ע	ש	ה	כ	מ	ב	ח	ט	י	מ	ל	א
ע	צ	ב	ט	ל	ט	ם	ט	ס	ד	ד	ו	ם	ע	ג	נ
ח	ף	ד	א	ף	ל	ר	ע	ו	א	ת	פ	ף	ג	ן	א
ס	ב	ט	ג	ל	פ	ף	ש	א	ח	ש	ה	ש	א	ס	ד

אנטומיה
כרומוזום
עובר
אנזים
אבולוציה
הורמון
קולגן
מוטציה
טבעי
עצב

נוירון
אוסמוזה
צמחים
פוטוסינתזה
חלבון
זוחל
יונק
סימביוזה
סינפסה
תא

31 - Elektrizität

א	ס	צ	ת	ל	צ	ח	ג	ף	פ	ף	ל	א	נ	ג	ר
ר	ה	י	ל	י	ל	ש	ג	ד	ת	כ	ג	כ	ח	ל	ה
ר	ן	ו	ס	ח	א	ף	ב	כ	ד	ת	ת	ב	ד	ף	ם
ה	ו	ד	כ	ר	ש	ד	ן	פ	ב	ס	ל	י	י	ז	ר
ר	פ	ל	מ	ע	ן	ל	ט	נ	מ	מ	ו	ל	ה	כ	פ
א	ל	ג	ג	ע	ד	א	ב	נ	ג	ט	ר	ל	ח	פ	צ
ת	ט	ד	ב	ש	א	ן	ן	נ	ל	ב	מ	ב	ל	ר	ן
ס	ב	ם	י	ט	ק	י	י	ב	ו	א	ן	כ	א	ה	כ
ד	מ	י	ה	פ	נ	ע	א	ט	ג	כ	ת	ש	ף	ר	מ
ע	צ	ט	א	ם	ע	ג	ל	ל	ע	ב	ע	ח	נ	ו	ו
מ	ח	ו	ל	ל	כ	ף	מ	ו	ן	נ	ש	ת	ת	נ	ת
ה	ס	ח	ח	ת	ם	ע	ש	ו	ר	ד	ר	ק	ט	מ	ש
א	ח	צ	ש	ל	נ	א	ח	י	ה	צ	ט	ח	ע	א	ר
ם	מ	ל	מ	נ	ט	ט	נ	ז	כ	ב	ש	א	ל	צ	ב
ב	ש	ף	ל	ב	ב	ן	ג	י	ל	ב	ש	א	ל	ף	ה
צ	ל	ל	י	ף	ח	ן	א	ה	ח	י	ו	ב	י	ת	ן

ציוד
סוללה
חוטים
חשמלאי
חשמלי
טלוויזיה
מחולל
כבל
אחסון
מנורה

לייזר
מגנט
כמות
שלילי
רשת
אובייקטים
חיובי
שקע
טלפון

32 - Antarktis

ב	ג	ם	ח	ר	ק	מ	פ	ר	ץ	ט	ם	ן	ן	א	ד
ף	ח	ג	ע	ל	ג	ת	ב	ו	ד	מ	ד	ר	ן	ם	ש
ר	א	ב	צ	ח	ת	ם	ג	ק	ר	פ	מ	ד	ע	י	מ
מ	ז	ג	א	ו	ו	י	ר	י	נ	ר	ג	צ	מ	ל	ל
כ	ע	א	ח	ל	נ	ר	ת	כ	ד	ט	ג	ו	ע	ר	א
ט	ן	ו	פ	פ	א	ו	ס	ח	ר	ו	ר	ח	ח	נ	ה
מ	ר	ג	ן	ב	ע	פ	ת	ת	ם	ר	ף	ו	מ	י	ל
נ	ק	ר	ח	ו	נ	י	ם	פ	ב	ה	צ	ק	ש	מ	ף
ב	ם	פ	מ	ב	כ	צ	ע	ב	ש	ן	ס	ר	ל	ס	ע
ה	ה	י	י	כ	ת	כ	ע	ע	ג	פ	פ	ת	ח	ג	ח
ע	ג	ה	ם	ש	כ	ם	ל	ב	כ	מ	ה	ה	ת	ל	ח
ט	י	ט	כ	נ	פ	פ	ח	ן	צ	ה	נ	ש	פ	צ	ש
ד	ר	ם	מ	ג	ן	כ	ש	ל	כ	ס	ן	ח	י	מ	ם
מ	ה	ע	א	ט	ו	פ	ו	ג	ר	פ	י	ה	פ	צ	ש
ס	ה	ת	ש	ב	י	א	ד	ט	נ	ם	א	פ	א	פ	ש
ה	ב	י	ב	ס	ב	ע	ש	ב	א	י	ן	ט	א	ח	ב

הגירה
מינרלים
טמפרטורה
טופוגרפיה
סביבה
ציפורים
מים
מזג אוויר
רוחות
מדעי

מפרץ
קרח
שימור
משלחת
רוקי
חוקר
גאוגרפיה
קרחונים
חצי האי
יבשת

33 - Fahren

ן	ב	ם	ב	ט	י	ח	ו	ת	י	נ	ו	כ	מ	מ	ר
ת	ס	ש	ב	ק	ע	ם	ך	ס	ו	מ	ש	ר	ש	מ	ם
ש	כ	ב	ל	מ	י	ם	ב	ע	ל	פ	ג	א	ה	ע	ף
ע	נ	ד	מ	נ	ה	ר	ה	ש	ד	ף	י	י	ג	ר	ש
ר	ה	נ	ע	ו	ר	ן	ע	א	ד	ת	ר	ר	ן	ע	צ
ע	פ	ם	צ	ע	ט	צ	ו	ן	ר	ו	ה	נ	ו	א	ת
ב	מ	ן	פ	ו	ש	פ	נ	ט	ת	א	ן	א	י	ג	ם
ב	ר	ף	ב	נ	מ	ג	ת	ח	ב	ו	ר	ה	ש	נ	ר
ם	ב	צ	ב	פ	ה	ל	ר	ם	ש	ט	ן	ג	י	ע	ת
ג	צ	פ	צ	ו	צ	ד	פ	ח	ד	ו	ב	ל	ר	מ	ר
פ	כ	ב	כ	א	ט	ד	ה	ף	נ	ב	ל	א	מ	מ	א
ה	ר	ר	ר	ה	ת	ל	ד	ע	ע	ו	מ	ס	ג	ג	ב
נ	ף	ז	ג	ש	ט	ף	ב	ת	נ	ס	נ	ב	ג	מ	ג
פ	ע	ס	נ	ט	ט	ף	ד	מ	ע	ש	ע	ף	ש	ה	צ
מ	פ	מ	ד	נ	פ	ח	ס	ת	ו	ר	י	ה	ז	ט	פ
ת	נ	ן	ג	ה	ש	ם	ן	צ	ל	ח	ל	ר	ה	ט	ט

מכונית
בלמים
דלק
אוטובוס
מוסך
גז
סכנה
מהירות
מפה
רישיון

משאית
מנוע
אופנוע
משטרה
בטיחות
תחבורה
מנהרה
תאונה
תנועה
זהירות

34 - Physik

ש	מ	ג	נ	ט	י	ו	ת	ב	א	ג	ש	צ	פ	ד	א
נ	ו	ל	ב	ב	נ	ד	א	ו	נ	י	ב	ר	ס	ל	י
ו	ל	ט	צ	כ	י	י	מ	י	כ	ס	ד	ה	ק	כ	כ
ס	ק	ס	ע	ר	ע	ד	פ	ן	ן	ת	פ	ט	ט	ם	נ
ח	ו	ד	ו	כ	ר	ט	כ	ה	פ	פ	ר	ן	מ	ה	נ
ה	ל	ת	נ	ע	ג	ן	ד	א	ט	ו	ם	ט	ח	ר	ט
צ	ה	צ	מ	ח	ף	ן	ף	ת	ן	ה	א	ט	ר	ב	ב
ו	ג	ר	ם	ר	ת	ר	א	ן	ס	ד	ם	ן	ר	ה	ש
א	ז	ף	א	כ	ש	ל	ח	ף	מ	ש	מ	ת	ג	א	מ
ת	ח	ה	ל	ב	כ	א	ו	ס	ב	ס	ה	נ	ע	ש	צ
ם	נ	ק	י	ק	ל	ח	ה	ב	צ	ת	ו	ר	י	ה	מ
ת	י	י	ו	ס	י	נ	ק	ל	פ	ע	ף	ט	ד	ש	פ
ע	ח	ש	מ	מ	ט	ג	י	ב	י	ס	פ	ט	ד	ם	ם
ב	ס	ף	נ	ם	ע	ל	נ	א	פ	ט	כ	ט	ל	ה	ת
צ	ו	ח	ם	ר	ס	ח	כ	ס	ו	ה	ד	צ	ש	ע	ף
א	ת	ף	ה	ת	צ	ש	מ	ח	ת	ם	ה	ש	צ	ף	ע

מהירות
מגנטיות
מסה
מכניקה
מולקולה
מנוע
גרעיני
חלקיק
יחסות
אוניברסלי

אטום
תאוצה
כאוס
כימי
צפיפות
אלקטרון
ניסוי
נוסחה
תדירות
גז

35 - Bücher

נ	כ	ת	ב	ה	ב	ף	ס	ו	א	ם	ר	ו	מ	ן	ק
מ	ן	פ	ה	ף	ח	ף	פ	ר	ע	ף	ו	ש	מ	ס	ר
ש	ן	ב	ל	ע	ש	ה	ר	א	פ	כ	פ	ד	ף	ט	י
ה	ח	ד	ף	צ	ף	ע	ו	ד	פ	ם	י	ג	ר	ט	י
ר	ר	ה	מ	צ	א	ה	ת	ם	ו	י	ס	פ	צ	ס	ן
י	צ	פ	ש	ש	ט	ה	י	ט	ר	א	ח	כ	ן	ד	ב
ש	ט	ה	ת	ג	ן	ס	ת	נ	ט	ט	ל	כ	ם	ר	ן
מ	פ	ק	ח	ק	ג	ל	ף	ד	ע	ס	ב	י	כ	ה	צ
ט	ס	ש	ג	כ	ה	ש	ג	ת	ש	ח	ס	פ	ו	נ	ס
ס	י	ר	ו	ט	ס	י	ה	נ	נ	מ	ח	ב	ר	ת	ף
ן	נ	ב	ת	ר	ל	ר	ח	ש	ף	א	ג	צ	צ	ד	ש
צ	ה	ב	ד	ס	ד	ד	ף	ן	ב	ש	ס	ע	צ	ת	ן
ט	א	ס	ן	ש	ר	ח	ף	ר	ק	כ	ח	מ	ם	ד	צ
ס	ט	ט	ג	א	א	א	ף	ן	ו	ר	ה	ף	ן	ג	נ
ג	נ	כ	צ	מ	פ	א	ל	נ	ר	מ	ב	צ	ע	ה	ס
ה	ו	מ	ו	ר	י	ס	ט	י	א	ח	צ	מ	ם	ן	ל

הרפתקה
מחבר
דואליות
אפי
המצאה
קריין
שיר
סיפור
נכתב
היסטורי

הומוריסטי
אוסף
הקשר
קורא
ספרותית
שירה
רומן
דף
סדרה
טרגי

36 - Menschlicher Körper

פ	ח	ט	ל	כ	כ	ם	ם	ד	נ	ב	ה	ל	ת	ע	ם
נ	נ	ח	ם	א	ה	א	ח	ד	ן	ב	ה	ס	ן	ו	ן
י	ד	ס	צ	ט	ג	ר	ע	ן	ה	א	ע	א	א	ר	כ
ם	ע	נ	ה	ס	ס	מ	ם	ח	ג	ל	ס	ת	כ	ת	ף
ד	ן	צ	ם	כ	ע	ע	ת	ח	ו	מ	ל	ש	ב	ב	פ
ש	ה	ל	ס	א	ח	ט	צ	ש	ך	ר	ב	כ	מ	מ	ר
א	צ	ב	ע	נ	ו	ף	ף	ל	ה	פ	ל	י	ד	כ	א
ר	כ	כ	פ	ד	ט	ז	פ	ס	ד	ק	ג	ל	ב	ח	צ
א	ף	ם	מ	ר	א	ר	ן	כ	כ	כ	ר	ם	ל	ט	ל
ו	פ	ש	ת	א	ל	ר	ו	ס	ם	ר	ש	ש	ם	ח	ש
ו	ה	ב	ל	צ	פ	ן	ש	ל	פ	ח	צ	ף	ס	ס	א
צ	א	ש	צ	ר	ן	ה	ל	ף	ב	צ	א	א	ן	פ	ף
א	כ	ה	ע	ד	ם	ס	ל	ש	ר	צ	ל	ע	ף	ף	ף
ר	ף	א	מ	א	א	מ	ן	ט	נ	ב	נ	ש	כ	ע	ם
ק	ר	ס	ו	ל	ה	נ	ם	ת	ד	מ	ן	א	ת	פ	ג
ס	מ	ף	מ	ם	ה	ף	ב	כ	פ	מ	נ	ש	ן	ן	ש

רגל
דם
מרפק
אצבע
מוח
פנים
צוואר
יד
עור
לב

לסת
סנטר
ברך
קרסול
ראש
פה
אף
אוזן
כתף
לשון

37 - Agronomie

ד	ת	כ	ח	פ	ד	ש	נ	ש	מ	ח	ר	ן	כ	פ	ן
ש	ה	ה	ת	כ	ן	ת	ה	ג	ת	א	ק	ר	ל	ע	ן
פ	ר	ה	ט	ת	כ	ט	צ	ע	א	ב	ח	ל	מ	י	ם
ת	ח	ן	נ	מ	ה	ע	ש	מ	ג	ט	מ	מ	א	ב	ר
צ	מ	ח	י	ם	ש	ח	י	ק	ה	פ	ר	ח	א	ו	ל
צ	ג	ה	ת	ר	ח	ה	כ	ד	ש	ן	כ	ל	נ	ש	ת
צ	ג	פ	ם	ס	פ	נ	צ	ד	ה	ו	ן	ו	ר	ד	ו
א	ע	ק	ד	ד	ם	כ	ע	ף	פ	ז	ג	ת	ג	כ	כ
ס	ד	ה	א	מ	א	פ	ט	צ	ר	מ	ף	ו	י	כ	ר
ס	מ	מ	צ	ז	כ	ח	ל	ת	ה	ס	ם	ק	ה	מ	ע
ר	ה	ן	ה	י	ג	ו	ל	ו	ק	א	ה	ר	מ	צ	מ
א	צ	א	ב	ה	ב	ר	ק	י	י	מ	א	י	ן	ר	ל
ג	ב	ח	י	ו	ע	ר	ה	ג	א	ו	ר	ג	נ	י	ב
פ	ס	צ	ב	ם	ע	א	ס	ע	ב	ה	ד	ח	ל	ג	ל
ל	א	ם	ס	ט	מ	מ	ג	ף	ב	מ	ת	ן	ד	ד	ף
ע	ט	פ	ד	ט	ת	א	ד	ם	ף	ר	ן	ד	ה	ב	ל

אדמה
דשן
אנרגיה
שחיקה
מזון
ירקות
מחלות
חקלאות
כפרי
בר קיימא

אורגני
אקולוגיה
צמחים
הפקה
מחקר
מערכות
סביבה
זיהום
מים
מדע

38 - Landschaften

כ	כ	צ	מ	כ	ה	ד	ג	ע	נ	ב	ת	ח	צ	פ	ש
ם	ב	ף	ה	פ	ג	ב	ד	ל	ע	ח	צ	פ	ע	ת	ד
ס	ל	ע	ש	ע	ג	ר	ה	י	א	י	פ	א	ב	מ	א
צ	ם	מ	מ	פ	נ	ס	ל	פ	ה	ל	פ	מ	פ	ף	ל
ח	ה	ק	ד	ה	צ	י	ב	א	ג	ם	ח	ר	ב	ג	ג
ס	ס	א	כ	ש	א	ז	י	מ	ן	י	ץ	ת	י	מ	ו
צ	ן	ש	ב	צ	ר	א	ף	ו	ח	ה	ל	י	ס	ב	נ
ב	ל	ש	ק	ר	ח	ו	ן	נ	ה	ר	ז	ח	ה	ט	ה
ן	ג	פ	כ	ב	ח	א	ף	ן	א	ר	צ	ח	ט	ו	ר
ס	ס	ר	מ	ד	ת	ל	ה	ש	ה	פ	ם	ם	ד	נ	ע
פ	ש	ף	ף	מ	ם	ב	ר	ס	צ	ה	ע	ב	ג	ד	מ
ס	מ	נ	ח	ט	ס	ה	מ	ס	ם	ע	ט	צ	א	ר	צ
ט	ם	ח	צ	ש	ף	ן	א	ן	ב	א	מ	ט	ה	ה	ן
מ	ע	כ	ט	ב	נ	ם	ד	ח	ת	נ	ס	כ	ל	ג	ע
נ	ס	כ	ט	ע	ף	ע	ל	ת	ט	ת	נ	מ	א	ם	ד
ב	ב	פ	מ	כ	נ	ט	ד	ח	ג	ט	כ	א	ט	ח	ב

הר
קרחון
נהר
גייזר
מפרץ
חצי האי
מערה
גבעה
אי
לגונה

ים
אואזיס
אגם
חוף
ביצה
עמק
טונדרה
הר געש
מפל
מדבר

39 - Abenteuer

ח	ב	מ	ט	א	ב	ד	מ	א	ח	ס	ט	מ	א	ש	ב
ש	מ	ח	ה	ז	ד	מ	נ	ו	ת	י	ד	ב	ד	צ	ל
ד	ר	ב	ם	ט	מ	ה	פ	מ	ו	כ	ג	צ	ט	ב	ע
ח	ד	מ	ס	ט	ס	ע	ע	ץ	ל	ו	ס	ס	ס	ל	י
ס	ט	ף	ן	ב	ד	ח	ס	ן	י	י	מ	מ	ן	ו	ת
צ	ן	ל	א	מ	ת	א	ד	ן	ע	ח	ש	ן	צ	ל	פ
ר	ת	ף	ח	נ	צ	ע	ת	ן	פ	ד	ע	א	ם	ס	מ
ה	ג	ת	ף	ש	ב	ף	צ	ם	ט	ל	ד	ד	ה	מ	ש
צ	ע	צ	פ	ה	א	ח	ל	ף	ם	ו	ג	כ	ק	ר	ג
ת	ג	ה	ן	נ	כ	ל	ח	י	פ	ן	נ	י	ו	ו	ט
ב	ב	ן	נ	ט	ת	ח	ע	ן	ד	ה	ה	ם	ש	ג	ף
ט	ס	ח	ש	ד	ן	ד	ס	כ	י	פ	ו	י	י	ג	נ
י	ג	ע	ל	ו	י	ט	צ	ו	ן	ג	ד	ר	מ	ס	ד
ח	א	א	ה	נ	ף	ר	ל	ס	ע	ב	ה	ב	ן	ע	צ
ו	צ	ס	ש	ב	ש	ס	ס	מ	כ	ט	ב	ח	ג	ל	ח
ת	ן	מ	ר	כ	פ	ת	ף	צ	ד	ן	ח	פ	א	ף	ה

פעילות
טיול
סיכוי
שמחה
חברים
מסוכן
הזדמנות
טבע
ניווט
חדש

מסלול
יופי
קושי
בטיחות
אומץ
יוצא דופן
מפתיע
הכנה
יעד

40 - Flugzeuge

מ	ז	ג	א	ו	ו	י	ר	נ	ב	ב	ס	פ	ג	צ	צ
ע	ר	א	א	ה	ט	ב	ר	א	ו	ן	ה	ג	ו	ל	ל
כ	ם	ן	נ	ס	ם	צ	פ	ם	צ	ס	ר	ה	ב	ע	ב
א	ס	ג	ב	ע	נ	ו	ך	כ	י	ב	ע	ט	ה	ג	ס
ח	ו	ח	ן	ל	ר	ו	מ	ף	ע	ן	ס	ר	ק	י	ע
מ	מ	ו	מ	ה	ו	ת	נ	א	ב	ף	ג	ע	ת	ב	צ
ם	ד	ס	י	י	ט	ן	ו	נ	י	ו	ו	ט	פ	ג	ס
ם	ח	פ	מ	ר	ג	ט	ע	ת	ח	נ	כ	ד	ר	ע	ן
ם	פ	ה	ב	ו	צ	ד	צ	נ	צ	פ	ר	ג	ה	ל	א
ד	י	ט	א	ט	ן	ס	ב	כ	ר	ב	ל	צ	ס	א	כ
ם	ם	ף	ר	ס	ס	ה	ם	כ	ט	כ	פ	כ	כ	ע	ש
צ	ג	כ	ה	י	ס	צ	נ	ה	מ	כ	ש	ש	ש	ה	ן
ב	נ	י	י	ה	א	ו	ו	י	ר	ה	נ	ק	ל	ב	ע
ר	ש	צ	ח	כ	ס	א	ף	ט	נ	א	נ	ל	ר	ס	ב
כ	ח	ש	א	פ	ש	נ	ג	ט	י	ר	י	ד	ה	ס	ג
צ	ל	ל	פ	נ	ס	ד	א	ן	פ	פ	ח	פ	ד	א	ס

הרפתקה
ירידה
אווירה
בלון
דלק
צוות
עיצוב
היסטוריה
רקיע
גובה

בנייה
אוויר
מנוע
ניווט
נוסע
טייס
מדחפים
סערה
מימן
מזג אוויר

41 - Haartypen

נ	ס	ר	ח	ף	ע	ף	ף	צ	א	י	ר	ב	ח	ח	ק
ר	ד	ר	ר	ך	ב	ע	ס	ט	ר	ש	כ	ט	ם	ג	ל
ה	ד	ר	נ	ף	ה	ן	מ	ג	ו	ח	ג	צ	ת	נ	ו
ג	ת	צ	ף	צ	צ	ז	א	ד	ך	ו	ק	ש	ש	כ	ע
כ	ל	מ	ף	ר	ל	ף	ר	ס	ע	ר	ג	י	ב	ה	ת
ס	מ	ו	ם	ן	ד	ל	ח	נ	כ	ס	ף	נ	ר	ן	ל
ם	ת	ת	כ	צ	א	ע	מ	י	ת	ל	פ	י	ף	ח	ת
ע	ו	נ	ע	ן	ס	ע	נ	ן	ב	ל	נ	ד	ח	ש	ל
מ	ל	ה	נ	ד	נ	צ	ה	א	נ	ש	ג	נ	ן	ט	י
ק	ת	נ	צ	ס	פ	ח	ח	צ	ס	ל	ב	ו	א	צ	ם
צ	ל	ס	ג	ל	י	ל	נ	ב	ח	ג	ת	ל	פ	צ	ם
ר	נ	צ	פ	ם	ד	ג	נ	ע	ג	מ	נ	ב	ו	ט	ן
ס	ן	מ	נ	פ	נ	צ	ס	ו	ה	ש	ה	כ	ר	ח	ה
כ	ת	ג	ש	ד	מ	ח	ש	נ	פ	ס	ט	ש	ג	ש	ט
ר	ה	ח	ר	מ	ח	ו	ם	י	ף	ת	ס	ף	ח	פ	ר
ב	נ	ח	א	כ	פ	ת	ט	ע	פ	ש	ם	ד	ל	ג	ם

ארוך
תלתלים
מתולתל
שחור
כסף
יבש
רך
לבן
גלי
צמות

בלונדיני
חום
עבה
רזה
צבעוני
קלוע
בריא
אפור
קירח
קצר

42 - Essen #1

ל	ה	ג	ת	ט	ד	צ	פ	פ	ב	א	פ	ד	ג	ש	נ
ל	פ	ף	ע	ח	ת	מ	א	ש	ם	ת	ב	ף	ט	ש	ע
ף	ט	ת	ת	ט	ט	ר	ג	ף	ר	כ	ג	ד	ב	ף	צ
ף	ף	ף	נ	ס	כ	ש	ס	ל	ס	ח	ז	א	כ	ה	ט
ח	ף	ס	ד	פ	ה	ף	ף	ח	צ	ק	ר	מ	ן	כ	מ
נ	ט	כ	ר	ד	ם	מ	ר	ש	ם	ת	ח	ל	ג	פ	ב
ל	ת	ת	ש	י	ן	ג	ה	ד	ג	ר	ש	ף	ס	ד	ס
פ	ג	ו	ב	ל	ח	ל	ן	ד	ה	נ	ג	ר	ר	ע	מ
ן	נ	ת	ס	ל	ט	ן	ו	מ	י	ל	ת	ר	ד	ע	ל
מ	ב	ש	צ	נ	א	ט	מ	ן	ר	פ	צ	א	ל	א	ח
ל	ם	ד	ף	ט	ה	ו	נ	ב	צ	ל	ב	ד	ט	ח	כ
ש	ה	ה	פ	ו	ל	ב	י	ם	פ	ן	ד	ן	ל	ף	פ
ג	ר	פ	ר	נ	כ	ג	ק	ד	ת	מ	מ	צ	ת	ס	ש
פ	ע	ק	ג	ה	ס	ו	כ	ר	ש	ג	ף	י	ה	כ	ו
ף	ש	ד	ש	ד	ט	ת	ן	ם	ח	א	ע	ר	ץ	ת	ם
א	ט	ג	ש	ס	ש	ף	ח	א	ח	ה	ד	פ	פ	ר	ה

ריחן
אגס
תות שדה
בוטן
בשר
קפה
גזר
שום
חלב
לפת

מיץ
סלט
מלח
תרד
מרק
טונה
קינמון
לימון
סוכר
בצל

43 - Ethik

ל	ס	ו	ב	ל	נ	ו	ת	ו	נ	ל	ב	ס	נ	ס	ב
ף	ש	ג	ח	פ	ה	ל	ו	ע	פ	ף	ו	ת	י	ש	ע
ג	נ	ל	ן	צ	א	ם	י	כ	ר	ע	ח	ס	ד	נ	ר
צ	ל	ת	ה	א	ם	ד	מ	ס	ת	ש	ת	ן	ד	ס	ע
מ	פ	ט	ף	ב	כ	ה	י	פ	ו	ס	ו	ל	י	פ	ף
ת	ר	ת	ר	ט	ע	כ	ט	פ	י	נ	י	נ	ס	ל	ה
צ	ע	א	ט	ש	ח	ה	פ	ן	ל	צ	ש	ד	ו	ב	כ
ת	פ	ה	ס	ן	ט	ב	ו	ס	נ	ו	ע	י	נ	כ	ל
ה	א	נ	ו	ש	ו	ת	א	צ	ו	ג	מ	ב	כ	ל	ף
ל	ר	ח	ן	ר	ג	ב	ה	ף	י	א	ג	ט	ן	ט	ח
מ	ה	ש	ה	ל	ש	מ	ם	ט	צ	ל	ב	ג	י	ח	פ
ח	ל	ח	ו	ח	ו	כ	מ	ה	ר	ף	ה	ף	ש	כ	ד
ג	ס	צ	ף	י	ס	פ	ה	ס	ן	פ	ב	ד	ף	ף	ג
א	צ	ב	ר	ד	א	ל	ט	ר	ו	א	י	ז	ם	ש	ח
ם	פ	ע	י	ג	ל	ר	מ	ג	א	ש	כ	ן	נ	מ	ג
י	ו	ש	ר	ר	ש	א	מ	ד	צ	ט	פ	ע	ף	ט	ם

אלטרואיזם
דיפלומטי
יושר
חסד
סבלנות
יושרה
האנושות
חמלה
אופטימיות
פילוסופיה
רציונליות
מעשיות
סובלנות
סביר
חוכמה
ערכים
נדיב
כבוד
שיתוף פעולה

44 - Gebäude

ב	ס	ו	פ	ר	מ	ר	ק	ט	ם	ף	א	ש	נ	ה	ף
י	פ	ט	א	פ	נ	נ	צ	ש	ב	פ	ט	ח	מ	ר	ב
ת	ס	ן	כ	ס	ף	א	א	ג	מ	פ	ג	ט	ע	ד	ת
ח	צ	נ	ל	ת	ו	ר	י	ר	ג	ש	ל	ח	ב	ש	ט
ו	ע	ג	ח	י	צ	ל	ס	מ	מ	ג	ד	ל	ד	ח	ל
ל	ע	פ	מ	ב	ר	ע	ף	ו	מ	ו	ס	ך	ה	ד	ש
י	ן	ס	ש	ר	ת	פ	ל	ז	ף	ת	ב	ר	ח	ן	מ
ם	מ	ג	ה	פ	ם	ה	ט	י	ס	ר	ב	י	נ	ו	א
ט	ה	ת	ס	ג	ש	פ	ס	א	מ	ס	ר	ע	צ	ר	ג
א	ף	ב	ר	מ	ף	צ	ו	ו	ה	ף	ח	ן	ב	ט	ח
ח	ס	ח	ת	ף	ף	מ	ה	ן	ו	י	ד	ט	צ	א	ח
ב	ש	ם	מ	ע	ח	ה	נ	ש	ו	ר	ן	א	ג	י	ר
כ	ט	ב	ת	צ	ב	ה	ג	פ	מ	ל	ה	ו	א	ת	א
ס	א	ר	ף	צ	ט	ד	מ	ל	ח	נ	מ	נ	א	כ	ש
מ	ר	ם	ט	צ	נ	ף	ח	ק	ו	ל	נ	ו	ע	נ	נ
ת	ן	א	ט	נ	ד	ם	ש	ם	ם	ט	ן	ח	א	צ	צ

מוזיאון
המצפה
אסם
בית ספר
אצטדיון
סופרמרקט
תיאטרון
מגדל
אוניברסיטה
אוהל
משק
שגרירות
מפעל
מוסך
הוסטל
מלון
תא
קולנוע
בית חולים
מעבדה

45 - Mode

ב	פ	ב	פ	ס	ת	ל	ם	י	ן	ב	מ	נ	ן	א	ם
צ	ט	ד	ת	ף	כ	פ	ר	ק	כ	ר	ע	ג	ג	ל	ט
נ	ג	ד	ח	ש	ב	ש	נ	ר	ר	ף	ש	ע	ס	ת	ד
ת	ת	ת	ר	ש	כ	ו	ע	מ	א	מ	י	ט	נ	ם	נ
ה	נ	ב	ה	כ	ר	ט	ד	ח	ן	צ	ה	נ	ט	מ	ט
מ	י	נ	י	מ	ל	י	ס	ט	י	ב	נ	ש	ש	כ	צ
ג	ם	נ	מ	ת	ו	ח	כ	ם	ח	ו	נ	ו	ח	ש	כ
מ	נ	ח	צ	ג	ט	פ	נ	ל	צ	ט	ג	ל	ע	כ	ש
ו	פ	ג	ח	ה	ב	ה	א	ל	ן	י	ג	ח	ר	ב	ה
ד	ס	מ	ף	ס	ד	ר	ט	כ	ח	ק	ל	צ	ט	ף	ג
ר	ג	ח	ק	פ	ט	ש	א	ג	א	א	ם	נ	מ	ד	ג
נ	נ	ת	ס	ו	ה	ט	צ	מ	א	ן	ף	י	נ	ס	ס
י	ו	ב	ט	ת	ר	ם	ן	פ	צ	ס	א	ם	נ	ג	ר
ן	ן	נ	ס	ח	ס	י	ט	נ	ג	ל	א	ם	א	צ	ס
מ	מ	י	ה	ד	ם	ר	ק	מ	ה	ב	פ	ח	א	ם	פ
פ	פ	ת	ן	ל	ף	א	ט	ד	ה	ח	צ	ן	ג	פ	כ

מתוחכם
צנוע
בוטיק
פשוט
אלגנטי
נוח
מינימליסטי
מודרני
תבנית
מקורי

מעשי
תחרה
רקמה
סגנון
בד
לחצנים
יקר
מרקם
מגמה

46 - Angeln

ע	ה	ט	א	ף	ח	פ	כ	ל	מ	א	ה	ט	ש	ף	ח
ע	ר	ס	ת	ס	נ	ר	ב	נ	נ	פ	י	ת	י	ו	ן
ף	צ	ם	פ	ב	ש	ף	ף	ל	ל	מ	ס	ש	ט	ח	ת
צ	ה	ע	מ	ש	ת	ד	מ	ש	ק	ל	פ	א	ל	ת	ן
ב	ש	ג	ר	ה	ן	ם	ש	ם	ע	א	ל	ס	ה	א	ש
ל	ת	ת	ג	א	ה	ר	ס	צ	ג	פ	ם	ס	ו	ו	ר
צ	ד	מ	א	ז	נ	י	י	ם	ב	א	מ	ג	ל	ק	ה
ה	ת	ף	ר	ה	ר	י	ס	י	ר	ס	ס	ד	ד	י	ג
ע	ו	נ	ה	ת	ה	ד	א	ר	ם	י	מ	י	ז	י	ח
ג	נ	ר	ג	ף	נ	ם	ר	י	י	ט	ת	ס	ת	נ	ע
ל	ל	ע	ז	ר	ס	מ	ה	פ	מ	ד	ת	ש	ב	ו	מ
ש	ב	ן	מ	ח	ע	א	פ	נ	ד	ף	ל	ל	ר	ס	ע
צ	ס	ס	ה	ש	ם	פ	ה	ס	ד	ו	י	צ	ף	ר	ב
ט	צ	פ	ע	כ	ע	ן	ת	ד	ט	ת	ג	ף	ר	נ	ף
ט	מ	ת	פ	ש	צ	ח	ר	כ	ח	נ	ד	ח	צ	ט	ע
ג	ס	ע	ח	ב	ס	ס	מ	ר	ם	ל	ט	ע	ע	ג	מ

ציוד
סירה
חוט
סנפירים
נהר
סבלנות
משקל
וו
עונה
לסת

זימים
סל
פיתיון
אוקיינוס
אגם
חוף
הגזמה
מאזניים
מים

47 - Essen #2

נ ם ף נ ע ג פ ב מ ק ו ש י ט ר א
ש ק ד ן פ ף א ף ע א ר ל א צ צ נ
ע ג ב נ י י ה ג ס ם כ ם ח ס ן ש
צ ב ע א צ ר ט ש ח ל ג ן ם ן מ ף
ד פ ח ס מ ל י ל ת ד ה ת ה פ ף צ
ו ש ד פ א ס ח ג ל ר צ כ נ ד צ ל
ב פ נ ר ה ט ר ו ג ו י ת פ ו ח ל
ד ה ל ג א א ק צ נ צ ב ן ת ם ל ב
ב ת ג ו ע ו ן כ ר א ן ש ס מ פ נ
ן ר ט ס ש ר צ א ה נ י ב ג ל ב נ
מ ה ס ר א ז מ ס ב ש ה צ א נ ת ה
ע מ ס ף ג ר ל מ ף ד ן ח ע ד א ס
ג ט ת ב ס ג א א פ נ ה י י ר ט פ
מ ט פ ת ה ש כ נ ל ם צ ל ב נ צ ח
ר כ פ ס ב ה ר ת ת ם ע ח ל א ר ע
ן י ל ו ק ו ר ב ם ל ג נ ל י צ ח

תפוח
ארטישוק
חציל
בננה
ברוקולי
לחם
ביצה
דג
יוגורט
גבינה
דובדבן
שקד
פטרייה
אורז
חם
שוקולד
סלרי
אספרגוס
עגבנייה
חיטה

48 - Energie

ג	ב	ף	ס	ג	א	נ	נ	ש	ר	ח	ת	נ	ס	ן	ט
ט	נ	ב	ע	ס	צ	ג	ל	ד	ד	צ	ר	ו	ח	ו	ם
ב	ז	ב	ט	ס	ת	פ	ש	ף	מ	ן	ד	א	ר	ר	ן
צ	י	ת	ב	ג	ר	ע	י	נ	י	ר	ם	ב	פ	ט	ר
מ	ן	י	ה	י	י	ש	ע	ת	מ	ב	י	ל	כ	ק	ם
ם	ב	מ	ש	מ	ש	פ	ח	מ	ן	נ	צ	ן	ל	ל	ב
ה	ח	נ	צ	צ	מ	ה	א	ו	ה	ף	ג	ר	מ	א	ר
ט	ש	ת	ף	ת	ט	ע	ט	ס	ד	א	ר	ע	ל	ל	ה
ה	ת	ף	ה	כ	ד	ו	ס	ה	י	פ	ו	ר	ט	נ	א
ש	ה	ח	ד	ש	פ	נ	צ	ל	ר	מ	ם	ו	ה	י	ז
ח	נ	ן	ס	ל	ט	מ	ם	ל	צ	ת	א	פ	ר	ל	נ
ש	ס	ד	ת	ם	ת	מ	ת	ו	ב	ח	ק	ל	ד	ג	נ
מ	ל	ז	י	ד	כ	כ	ג	ס	ע	ד	מ	ל	ס	ה	ן
ל	ח	ח	ה	ע	ע	ן	ן	ף	צ	ש	ח	ש	ב	פ	ן
י	ג	ת	ב	ה	ר	פ	נ	ף	ה	ר	ח	ה	ע	ס	ן
כ	ע	ב	ה	נ	ג	ג	ן	ר	מ	פ	ר	ח	כ	ש	ח

פחמן
מנוע
גרעיני
פוטון
שמש
טורבינה
סביבה
זיהום
מימן
רוח

סוללה
בנזין
דלק
דיזל
חשמלי
אלקטרון
אנטרופיה
מתחדש
חום
תעשייה

49 - Familie

ע	ע	ג	ם	כ	ס	ף	פ	ב	פ	כ	ס	ב	צ	ב	ע
פ	ע	א	ת	ל	ב	ע	ם	ם	ב	ע	א	צ	ט	ט	ף
ה	א	ע	ט	ם	ת	ש	נ	ד	ן	מ	א	ט	א	פ	א
ת	ר	ס	ח	ב	א	צ	כ	ו	ח	א	ס	ש	ל	ת	י
ת	ר	ר	ר	ח	פ	ת	ד	ד	מ	א	ל	פ	ע	ל	מ
ה	ס	ע	מ	ן	כ	נ	ל	צ	פ	ב	ר	ח	פ	ע	ה
ד	ר	ע	ת	י	נ	י	י	ח	א	ק	ה	כ	ף	ב	י
ת	ר	ה	ע	י	צ	ר	ב	ש	ג	ד	נ	ה	ש	ה	ת
ח	מ	ד	ש	ח	ב	ת	נ	א	ן	מ	ס	ש	ת	ת	ו
א	ע	ו	ש	א	ח	ן	כ	ת	צ	ו	ף	ג	מ	ד	ד
ח	מ	ד	ע	ב	ב	ט	ב	א	נ	ן	פ	ף	א	ס	ל
ו	מ	ס	נ	ס	ח	א	ן	ב	א	ל	ב	ר	ע	ש	י
ת	ם	ח	ר	פ	ת	פ	נ	ה	ח	ה	ן	א	כ	נ	ע
ר	צ	א	ת	ל	מ	פ	א	י	ט	ה	ד	ן	ב	נ	צ
ב	פ	ע	פ	א	ס	ן	ד	ב	צ	ע	ו	ש	ס	פ	ה
ד	ף	ה	ב	צ	ס	ט	נ	נ	ף	ת	ד	א	י	מ	א

אח
אשה
בעל
נכד
סבתא
סבא
ילד
ילדות
אימא
אימהי

אחיין
אחיינית
דוד
אחות
דודה
בת
אבא
אבהי
בן דוד
אב קדמון

50 - Pflanzen

צ	ע	צ	ף	צ	ח	ח	ן	ם	ט	פ	ד	ף	ם	ם	ס
ם	ץ	ת	ן	ס	מ	מ	ד	ב	ט	ש	ש	ש	ת	ב	צ
י	ע	ר	ע	פ	נ	ח	ה	ט	ח	ב	א	ו	פ	ח	ם
ל	א	ת	ח	מ	ם	ג	י	ה	ת	ס	ב	ר	ח	פ	ע
[illegible]	ס	ו	ס	י	ק	ף	ר	י	ל	ת	מ	ש	פ	א	ה
[illegible]	פ	כ	ב	א	ה	ג	ב	ג	ה	ק	י	נ	ט	ו	ב
ע	ר	י	ח	ו	ח	ל	ף	ב	ש	ה	ו	ג	ח	ל	ר
כ	ח	ל	ע	כ	ש	מ	א	כ	ן	ש	ד	ב	ע	ח	ע
ד	ל	ע	ש	ע	ף	ן	ס	צ	ג	ע	מ	ב	מ	ש	ל
ת	נ	ת	ג	ד	פ	ת	ה	נ	נ	ו	ד	ג	ר	ב	ה
ב	ח	ש	ל	ן	צ	פ	ב	ה	ט	ע	ן	מ	פ	ד	ת
נ	ק	פ	ט	ת	ר	פ	ף	ל	ר	י	ן	ב	ת	נ	ע
צ	ק	ה	ף	ט	מ	ת	ג	ל	ט	ת	ש	מ	ש	ל	ה
ב	ט	ם	ן	כ	א	ל	כ	א	פ	ת	מ	כ	ה	ף	ר
ב	ו	כ	נ	ר	ט	ח	ן	ס	ש	ר	ן	ה	צ	ה	צ
ל	ס	נ	ם	ן	ה	ר	מ	ש	ב	ח	ה	ן	נ	ס	ש

קיסוס
גן
דשא
קקטוס
עָלִים
טחב
שמש
צמחייה
יער
שורש

במבוק
עץ
ברי
עלה
פרח
עלי כותרת
שעועית
בוטניקה
בוש
דשן

51 - Gewürze

פ	ת	ף	ר	ב	כ	ג	פ	ש	ב	ש	ר	ב	נ	ר	ב
ף	ה	מ	כ	ס	פ	כ	ג	ש	ו	ש	ה	ל	ה	ט	צ
פ	ב	ס	פ	ג	ג	כ	פ	ק	ו	ת	מ	ר	ט	צ	ל
ג	ר	ס	ג	כ	ג	כ	ג	ש	ח	ם	ע	ט	נ	א	ס
ן	א	ל	ת	כ	ס	ש	מ	מ	כ	ם	ג	ע	ם	ב	ג
ע	א	נ	פ	ת	ד	ס	ר	מ	ו	ש	ת	פ	ן	ח	פ
ף	ב	צ	צ	ל	ט	כ	י	ר	א	ק	פ	נ	צ	מ	ת
ג	כ	כ	מ	ש	צ	ח	ר	ה	ל	י	נ	ו	ש	ו	מ
מ	ט	ה	מ	מ	ת	ר	מ	ק	פ	ג	ג	ס	ט	ץ	נ
ל	ל	א	כ	ס	ח	ה	ח	י	ל	ש	ב	ש	ק	ם	ח
ג	א	ח	ב	ל	ט	ד	ף	ר	פ	ף	ע	ד	ס	ה	כ
ס	י	נ	א	נ	ד	ם	ש	פ	ק	י	נ	מ	ו	ן	ם
ט	ד	נ	מ	ם	ה	ש	פ	פ	ס	פ	ש	ד	מ	מ	מ
ע	ע	ח	ג	ל	ט	ן	ג	פ	ד	ם	ג	ר	צ	ן	ן
ב	מ	ג	ן	ר	ו	פ	י	צ	ף	ז	ע	פ	ר	ן	ט
ף	צ	ב	ה	ף	נ	ס	ס	נ	ט	ב	ה	ן	ס	כ	ג

אניס	ציפורן
מריר	פפריקה
קארי	פלפל
שומר	זעפרן
טעם	מלח
ג'ינג'ר	חמוץ
הל	מתוק
שום	וניל
שוש	קינמון
מוסקט	בצל

52 - Kreativität

ה	נ	ז	י	ל	ו	ת	מ	צ	ו	ע	כ	צ	מ	ה	ס
י	מ	כ	פ	ס	א	ו	ו	ש	כ	ג	ט	ס	י	כ	ס
צ	צ	צ	ה	ת	ב	י	ם	ר	ר	א	ה	ש	ו	ח	ת
י	ף	ף	א	ם	י	ט	ד	מ	י	ו	ן	א	מ	נ	ו
א	ד	ם	ר	ה	ט	נ	ר	ת	ש	ה	ע	א	נ	נ	ש
ו	ת	מ	ש	נ	ו	ת	ר	ג	פ	א	ב	ל	ו	פ	ג
ט	ג	ם	ה	ו	י	ו	ם	ל	ח	ר	כ	פ	ת	כ	ר
נ	מ	צ	ס	מ	ח	א	ם	ט	כ	ז	ת	ם	ף	ת	ש
י	ף	ר	ד	ת	ג	ף	א	צ	כ	ם	י	ש	ג	ו	ד
א	כ	ת	נ	מ	א	ר	ח	ג	פ	ר	ב	ו	ע	י	ח
צ	ף	ט	ת	ט	ש	ע	ה	ם	ת	ר	ה	ר	נ	נ	א
ן	א	פ	ן	מ	נ	י	נ	ט	נ	ו	פ	ס	ס	ו	ט
ן	ף	ם	ם	ח	ה	ו	מ	ל	מ	ד	ר	מ	ט	י	ת
ת	ח	ם	ס	ן	ם	נ	ג	מ	ג	ע	ב	נ	ש	ח	ר
ל	ט	ט	א	ף	ש	ו	ד	ט	ע	פ	נ	ב	ס	נ	ל
כ	ה	ר	נ	כ	פ	ת	א	מ	נ	ו	ת	י	ן	ם	ש

השראה
עוצמת
אינטואיציה
בהירות
אמנותי
דמיון
תחושה
ספונטני
חזיונות
חיוניות

ביטוי
אותנטיות
תמונה
דרמטי
רושם
המצאה
מיומנות
נזילות
רגשות
רעיונות

53 - Geschäft

ה	ר	י	כ	מ	מ	ר	כ	ת	ח	מ	ח	א	ד	ש	כ
נ	א	כ	ל	ר	ת	ע	ב	ט	מ	ף	ל	כ	ם	נ	ב
ח	ח	א	ס	כ	ף	פ	ס	ר	ש	ח	ן	ע	ה	נ	ר
ה	א	צ	ג	ף	ס	ב	ת	י	ס	ס	ד	ט	צ	מ	ר
ע	מ	ת	ד	ה	כ	נ	ס	ה	ק	ח	ה	ע	ל	ל	ם
ק	ס	ט	ב	ל	ע	ו	ב	ד	ף	מ	ו	ח	ס	ע	ט
ש	צ	ד	ל	כ	ת	ט	ס	ר	ח	נ	ד	ר	כ	ר	ר
ה	צ	ש	ג	ל	ח	צ	ח	ו	ו	ר	ל	מ	ה	ע	נ
ם	ב	נ	ד	כ	א	ם	נ	ס	ר	ם	ע	ג	ג	צ	ן
ת	ו	ל	ע	ף	ג	ע	ו	מ	א	נ	פ	ת	ן	צ	ד
ק	ש	ר	ד	ב	ר	ם	ת	ש	ט	ם	מ	מ	מ	ף	ד
צ	ל	ש	ס	ש	ג	מ	א	ג	ש	נ	ש	נ	ס	מ	כ
י	ע	ס	ק	ה	ח	צ	נ	מ	ה	ה	ר	ה	י	ף	ס
ב	כ	ס	ר	ח	מ	ב	ט	ד	ח	ע	ד	ל	ם	ד	ש
צ	ת	צ	ן	מ	ש	ל	פ	ן	א	מ	ג	ה	צ	ס	ע
ק	ר	י	י	ר	ה	ע	א	ת	ר	ן	ל	ע	נ	מ	מ

מעסיק
תקציב
משרד
הכנסה
מפעל
כסף
חנות
רווח
השקעה
קריירה

עלות
מנהל
עובד
הנחה
מסים
עסקה
מכירה
סחורה
מטבע
כלכלה

54 - Ingenieurwesen

מ	נ	ו	פ	י	ם	י	ש	ר	ת	כ	ט	ל	ר	ם	ב
ם	ח	ם	י	כ	ו	ל	י	ה	ו	מ	ב	נ	ה	מ	נ
מ	ט	כ	ש	ם	ז	ז	נ	ח	ס	ב	ט	מ	פ	ד	י
צ	ת	י	צ	י	ב	ו	ת	צ	צ	ט	ר	צ	צ	י	י
נ	ע	ט	ד	ה	ס	נ	ה	ה	ע	נ	ה	ת	ה	ד	ה
נ	ף	ל	א	ז	ר	ג	ן	ד	ס	ס	ב	ר	נ	ה	ע
ט	ד	א	ן	ו	ע	ו	מ	ק	נ	ב	נ	ע	ו	מ	ד
ב	ט	ח	ם	ו	א	ג	ו	ט	ר	ף	כ	ד	כ	ה	כ
ב	נ	ס	צ	י	ם	ט	ג	פ	ד	א	מ	ש	מ	ם	ן
ף	ט	פ	ג	ת	ר	כ	ה	ש	ד	צ	ג	כ	א	ש	ר
ג	ש	ג	ג	ט	ח	ג	ם	ת	ש	ה	י	ג	ר	נ	א
צ	ף	צ	מ	ח	ף	פ	נ	ם	ד	ט	א	כ	ב	נ	פ
י	ד	פ	ת	י	ה	ש	ם	מ	ג	ת	ג	ג	מ	צ	ר
ר	ח	ף	ש	ש	ת	פ	ס	ע	א	ת	ף	ע	ש	כ	נ
ף	פ	ד	ט	ו	ב	ם	ג	ה	פ	ט	ע	ו	נ	מ	ן
ם	מ	ס	ה	ב	ן	ה	פ	ט	נ	ל	ר	ש	ט	פ	ה

בנייה
מכונה
מדידה
מנוע
יציבות
כוח
מבנה
עומק
הפצה
זווית

ציר
הנעה
חישוב
תרשים
דיזל
קוטר
אנרגיה
נוזל
הילוכים
מנופים

55 - Kaffee

פ	מ	ה	צ	ף	ט	ג	צ	ה	ב	פ	כ	ר	ב	ס	ל
צ	ס	ס	צ	ב	ל	ח	צ	ח	נ	ה	א	ס	כ	ר	ש
ח	ף	ם	א	ם	א	ן	ו	ו	ג	מ	ה	ר	ש	א	ל
ש	כ	ס	ח	צ	ף	ג	כ	ן	י	א	פ	ק	צ	ל	ם
פ	ב	ד	ף	ם	ף	ט	ט	נ	צ	ב	ב	ו	כ	ב	מ
ן	ף	ר	פ	ם	כ	א	ד	ס	מ	ר	ן	ב	ג	ג	ף
פ	ה	ס	א	ל	ה	ם	מ	מ	ו	ס	ש	ע	ל	כ	ף
ל	ש	ת	ו	ת	כ	ח	צ	ד	ח	מ	ע	ד	ח	ס	ס
ז	ח	ג	צ	כ	ג	ם	ת	ח	נ	ת	ח	ס	ו	כ	ר
ו	ן	ב	ה	ר	צ	ד	צ	ן	ק	ר	ת	ס	מ	כ	ן
נ	ף	צ	ם	צ	כ	מ	ן	ר	ו	ר	ח	ש	ת	ד	צ
צ	ש	ר	ד	ן	ב	ס	ס	ס	ם	י	מ	ד	מ	כ	ן
מ	י	ם	ם	נ	צ	נ	ן	ף	ה	ט	ר	ו	ק	מ	ע
ר	צ	א	צ	ח	פ	ס	ה	מ	ח	י	ר	מ	ט	ע	ם
ט	צ	ד	ף	ף	כ	ת	ח	מ	ף	ר	ח	כ	ה	ש	מ
ל	צ	ב	ס	ע	ה	ש	ה	פ	כ	פ	ם	נ	ל	מ	צ

מחיר
חומצי
שחור
כוס
לשתות
מקור
מגוון
מים
סוכר

מריר
קרם
מסנן
נוזל
טעם
קפאין
טחון
חלב
בוקר

56 - Gemüse

ת	פ	ו	ח	א	ד	מ	ה	י	י	נ	ב	ג	ע	ב	נ
י	י	פ	ן	ט	ר	ן	י	ר	ף	ד	ג	מ	ש	צ	ס
ז	ן	ב	ק	ש	ת	ע	ל	ד	פ	ע	מ	ל	ע	ל	כ
א	ת	נ	ו	ת	כ	פ	י	ם	א	נ	ת	פ	ן	כ	ר
ב	ע	נ	ש	ר	ט	ש	ז	ט	צ	נ	ת	פ	ס	כ	ח
ס	כ	צ	י	ע	כ	נ	ו	ע	ט	פ	ל	ו	ל	ד	מ
צ	ט	ע	ט	כ	ן	ל	ר	נ	ל	צ	ט	ן	ר	צ	מ
ה	ח	ג	ר	מ	א	א	ט	פ	ח	צ	י	ל	י	מ	מ
ג	ם	ח	א	נ	ף	ת	פ	ח	ט	א	פ	ו	נ	ה	ת
ב	ת	ר	ן	ר	צ	ג	נ	כ	ל	ר	ם	ל	ע	ן	פ
פ	ר	ם	ח	ס	ע	נ	א	ה	ס	ז	י	ף	ס	ר	ש
ס	ר	ו	ס	ת	ל	ת	צ	ד	ר	ג	נ	י	ג	ד	א
ע	ף	ש	ק	כ	פ	פ	א	ה	ע	ה	צ	ד	ה	ר	ר
כ	מ	נ	פ	ו	ת	ן	מ	ם	ם	מ	מ	ג	ף	ל	כ
ב	ה	ל	ג	צ	ל	ד	כ	נ	ב	ע	ת	צ	ש	ס	ה
פ	ל	ג	ף	מ	ר	י	ל	ח	ל	א	ח	צ	ס	נ	צ

ארטישוק
חציל
כרובית
ברוקולי
אפונה
מלפפון
ג'ינג'ר
גזר
תפוח אדמה
שום

דלעת
זית
פטרוזיליה
פטרייה
לפת
סלט
סלרי
תרד
עגבנייה
בצל

57 - Schönheit

פ	מ	ב	ט	ס	ש	מ	ק	ו	ס	מ	ט	י	ק	ה	ד
ל	מ	ר	ד	פ	ר	נ	צ	ב	ע	ם	ח	ו	ח	י	נ
ף	א	ד	ת	א	ג	מ	ו	צ	ר	י	ם	ה	ל	נ	ם
ל	מ	ו	ה	ס	ת	כ	ב	ד	פ	י	י	ר	ח	ג	מ
ב	ן	ם	ר	כ	א	צ	ח	פ	צ	ר	ת	ס	ם	ו	כ
ש	ן	ף	ק	צ	ר	ה	ל	ש	מ	פ	ו	א	א	ט	ף
ד	פ	מ	ס	ט	ת	ט	ק	ס	ם	ס	ר	כ	ן	ו	ת
נ	ח	נ	מ	ג	ח	פ	ת	ט	ג	מ	י	ן	נ	פ	ג
ד	ם	ח	ב	מ	ט	ף	כ	צ	צ	ף	ש	מ	נ	י	ם
צ	ע	ם	ב	פ	ר	פ	ג	א	י	ט	נ	ג	ל	א	י
מ	ג	ע	ם	ד	ם	ה	נ	ח	ם	מ	א	ת	ס	ט	ל
ס	ל	ף	ף	מ	ג	ח	ב	א	ל	ג	נ	ט	י	ו	ת
ה	ח	ע	כ	צ	מ	ח	ן	ף	צ	ט	פ	נ	ן	ח	ל
כ	ש	ה	ה	צ	ף	ר	צ	ת	ב	כ	ב	ל	ג	נ	ת
ס	ר	ו	ע	ף	ה	א	ס	ח	ב	ן	ד	פ	ם	צ	ע
ע	ב	ס	א	ב	ש	ע	ס	ב	פ	מ	ג	ל	צ	נ	ב

קסם
שירותים
ניחוח
אלגנטי
אלגנטיות
צבע
פוטוגני
חלק
עור
קוסמטיקה

שפתון
תלתלים
שמנים
מוצרים
מספריים
שמפו
מראה
מעצב
מסקרה

58 - Ernährung

ב	ע	ם	ם	ם	כ	ר	ם	י	נ	ג	ד	ש	ש	ם	ט
ב	מ	ר	י	ר	נ	צ	ע	כ	ש	כ	ד	ף	ש	ן	ב
מ	ר	נ	נ	צ	ד	ס	ט	ל	י	כ	א	א	נ	ש	כ
ט	ר	כ	ו	ם	צ	ש	ט	ג	ן	ג	ן	י	ז	מ	ה
כ	ד	א	ב	צ	ף	ם	ע	ת	ה	ר	ע	ר	כ	ן	ג
ת	ן	ף	ל	פ	א	ש	צ	ס	ס	ל	ח	ב	ט	ו	ר
ג	ף	ת	ח	ף	ד	ט	ה	ט	א	י	ד	ת	ם	ב	ת
פ	ם	מ	ח	ת	נ	ה	ט	כ	ג	ן	ס	ת	כ	א	ו
א	ב	ד	מ	ח	ח	כ	ח	ה	ף	ז	ף	ה	ה	י	מ
מ	ט	מ	ש	נ	צ	ה	ב	ק	ל	ו	ר	י	ו	ת	י
ס	ן	ר	ר	ע	כ	ד	ן	ח	ק	א	ח	ל	כ	ן	מ
ש	ת	ה	ה	ף	ר	ב	נ	כ	ש	מ	ג	ע	ם	ט	ח
א	ר	ע	צ	כ	ח	ב	ן	י	מ	ט	י	ו	נ	ח	פ
ן	ד	מ	ל	ת	ע	ט	ע	י	ב	ו	ל	פ	ן	ס	כ
ם	ש	ח	ט	מ	נ	כ	א	ח	ה	א	ג	ח	נ	ע	מ
ם	צ	ל	א	ש	כ	ף	א	צ	ת	ב	ר	י	א	ו	ת

תיאבון
מאוזן
מריר
דיאטה
אכיל
תסיסה
טעם
בריא
בריאות
דגנים

משקל
קלוריות
פחמימות
מזין
חלבונים
איכות
רוטב
רעלן
עיכול
ויטמין

59 - Länder #1

ק	ל	א	ר	ש	י	ד	ה	ש	ח	ה	ה	ש	א	ח	ס
נ	ג	מ	ג	ד	פ	ה	מ	פ	ש	ו	ת	פ	נ	ס	פ
ד	נ	ה	ר	ג	מ	מ	כ	ט	ט	ד	ן	ב	ה	ד	ר
ה	ס	ף	ס	ט	ר	ם	ג	ה	א	ו	ר	ס	ת	ע	ד
י	פ	ב	ל	ח	ם	ת	ר	ס	ם	ז	כ	ט	ח	פ	ה
נ	צ	כ	מ	ת	מ	ר	מ	ת	י	ש	ט	ם	מ	נ	מ
מ	ן	ט	ש	ם	א	פ	נ	ל	ר	ב	ן	י	ל	ו	פ
ו	נ	צ	ו	א	ל	ה	י	נ	צ	א	י	ט	ל	י	ה
ר	ל	נ	ה	ט	י	ח	ה	י	מ	ד	נ	ל	נ	י	פ
ף	ע	כ	מ	ם	ד	ע	י	ק	ש	ג	פ	ל	ד	ה	ו
צ	צ	כ	מ	ט	ד	ח	ג	ר	ט	ס	ן	ו	מ	י	ח
צ	ל	ל	ב	ש	ת	כ	ו	ג	ב	ס	ב	ד	י	מ	א
ע	ט	ס	ר	ג	ד	ח	ו	ו	נ	מ	ד	ט	ג	ט	ש
ב	ב	א	ס	ת	ע	י	ר	א	ק	ס	נ	צ	ע	ר	פ
פ	י	א	ר	ן	ן	ח	ו	ה	כ	א	ה	צ	ת	ג	ס
ה	ה	ף	א	ת	ח	ת	נ	נ	ם	ע	כ	ע	ת	ה	ב

מצרים
ברזיל
גרמניה
פינלנד
הודו
עיראק
ישראל
איטליה
קמבודיה
קנדה

לטביה
מאלי
ניקרגואה
נורווגיה
פולין
רומניה
סנגל
ספרד
ונצואלה
וייטנאם

60 - Technologie

נ מ ה ב א ד ג ד נ ס ב ח ח ב ג צ
ת ל נ ג י ף ב ת ף נ ף ג ת ש ה צ
ו ה צ ס נ ת ב ו מ ה מ י כ ת ת נ
נ א ם ת ט ם נ כ ב ס ם ת ד ס ר נ
י מ ח ק ר ח פ נ ף ה ס ד ט ל ח ס
ם פ ר ה נ ר ע ה ס כ א כ א ע ם ט
ע א ם מ ט ע ה ט מ ט ן פ ד צ ש ט
ע ח ח ב י ט ח ו ן ה ו ג צ ם כ י
ן ש ע ה ג ו פ ן נ ד י ן ט ב ט ס
ב ל צ ט ד צ פ צ ם צ ר נ ס צ ה ט
ש ט ף ה ו ד ע ה פ נ ט ב ף ש ש י
פ ע צ ל פ ך ס מ ק ש ו ג ם ם ת ק
נ ת צ ד נ ף ב ל ו ג א ע ם ג ן ה
י ל ט י ג י ד צ ב צ ל ח ן פ ס צ
מ ת מ ת נ א נ מ ץ ג י צ צ ג ת ף
ל ן ע ל ן ח ד ה ד פ ד ן פ ד נ ב

דיגיטלי

61 - Science Fiction

ע	ח	ח	ע	ן	ג	ם	ב	ר	ע	ס	ר	ל	ת	ח	ה
ו	פ	ט	מ	ת	כ	ל	ב	כ	ו	כ	ף	א	ח	ב	ט
ל	ל	פ	צ	א	מ	ק	ס	נ	נ	ב	ט	ה	פ	ח	כ
ם	ף	כ	ת	מ	ט	ר	ש	ע	ל	מ	ו	צ	פ	ח	נ
ב	ף	ע	ן	ח	ה	ו	צ	ט	ו	ף	ה	ט	ג	ס	ו
ל	ש	צ	ש	ד	א	א	ה	ל	ק	כ	ר	א	י	מ	ל
ת	נ	ט	ף	ח	ס	נ	ט	ב	א	ע	צ	ר	ט	ם	ו
כ	א	מ	צ	ף	ש	פ	נ	ח	ס	ש	פ	ח	ס	ף	ג
ש	י	ח	ר	ת	ף	ד	ן	ה	ס	פ	ת	ש	ט	כ	י
א	נ	מ	ס	ש	ד	מ	י	ו	נ	י	ר	ה	נ	ח	ה
ס	ד	ל	י	פ	י	צ	ו	ץ	ל	ת	ד	י	פ	ב	י
ם	י	כ	פ	ק	מ	ס	ת	ו	ר	י	מ	ע	ם	נ	ס
ש	ת	ת	ס	ג	ל	ק	י	צ	ו	נ	י	מ	ד	ד	ק
נ	ע	ת	פ	ם	ה	י	פ	ו	ט	ס	י	ד	ג	כ	ל
ר	פ	נ	כ	ר	כ	ס	ם	צ	מ	ע	א	ב	ע	ל	ג
ח	ג	א	ש	ל	י	ה	י	פ	ו	ט	ו	א	ל	ב	ן

אשליה
דמיוני
קולנוע
אורקל
כוכב לכת
רובוטים
תרחיש
טכנולוגיה
אוטופיה
עולם

ספרים
כימיקלים
דיסטופיה
פיצוץ
קיצוני
פנטסטי
אש
עתידני
גלקסיה
מסתורי

62 - Literatur

מ	ס	ס	ד	כ	פ	ב	ט	ג	ל	פ	פ	ת	צ	ב	ם
ס	ל	פ	נ	ת	נ	ע	ה	ר	ו	פ	ט	מ	צ	ם	ף
ה	ב	ה	ם	ל	ג	ה	א	י	ג	ן	נ	צ	ל	ט	כ
ג	ת	ה	ג	ח	ן	א	ף	ש	מ	ד	ת	ד	ם	ה	כ
ק	ל	ש	ת	פ	מ	ש	ע	ל	כ	ד	י	ח	פ	ם	ח
צ	ן	ע	ם	צ	ט	ר	כ	ף	ס	ף	י	ה	ן	ת	ף
ב	ד	א	ם	נ	ה	ל	ס	ה	ב	מ	נ	א	ס	ג	ת
א	נ	ל	ו	ג	י	ה	ג	ל	ט	ח	ו	ו	ל	ז	ס
ס	י	כ	ו	ם	פ	ט	נ	ע	מ	ב	י	ו	א	ו	מ
פ	ו	א	ט	י	ר	ו	ו	ח	ר	ר	ד	ש	ן	ר	ג
ג	ב	ע	ם	ס	ג	ד	ן	ד	ר	כ	ב	ה	ן	ח	ת
ר	ס	ד	ל	ן	ו	ק	מ	ה	צ	נ	ת	ע	ח	ה	י
נ	כ	ח	ו	ת	י	נ	ו	ח	ט	ן	ה	נ	ב	ש	א
פ	ב	ת	ע	ן	ב	א	ר	ג	ל	א	מ	ס	ו	צ	ו
ד	ל	ס	ר	פ	פ	ג	ת	ה	ם	ב	ש	ל	ט	ש	ר
ק	ר	י	י	ן	ט	ה	מ	ם	ת	ר	נ	ב	ף	ר	א

מטפורה
פואטי
חרוז
קצב
רומן
סיכום
סגנון
ערכת נושא
טרגדיה
השוואה

אנלוגיה
ניתוח
אנקדוטה
מחבר
תיאור
ביוגרפיה
דיאלוג
קריין
בדיוני
שיר

63 - Wandern

ן ס פ צ ח צ כ ף י י ע מ ן מ ה ר
ר ח ס ן ד ע ב י א ר פ ד ה ן נ ש
א ד ח ס ת ב ט ק ח ם ע ר ד ל כ מ
ש ע ח ם ד ט ה מ ג פ י י ם ש ש ל
ף ם ב ר נ ג מ פ ה א א כ ם מ ש א
ס ל ח צ מ ט ח י נ ם ג י צ ה ן ש
כ ט ש נ ע ל ט נ כ ת ל ם ת ת ת מ
נ ש ע ס ב פ ס ג ה ק ן ם י נ ב א
ו ף ם ת ר י ו ו א ג ז מ נ ה ר ה
ת צ ר ה ן צ צ פ ם ג ש מ ש ן ם ם
ו ב ח י ף פ ן ש ט ש ל ת ג ג ף א
י ה צ י א א ת ד ף ר ה צ ה ע ש ה
ח ו ט ט ב כ ב פ ן ה ם י מ ע ה כ
ק ף ל נ ס צ ע ם ף ב ד כ צ נ נ ג
ף נ ר ד ר ל ם ם ס ל ה א כ ג ף א
ש ש ה ט מ ח ה ס ש ד ת ט צ כ ה ן

נטייה
כבד
שמש
אבנים
מגפיים
חיות
הכנה
מים
מזג אוויר
פראי

הר
קמפינג
מדריכים
סכנות
פסגה
מפה
אקלים
צוק
עייף
טבע

64 - Globale Erwärmung

ע	ג	ס	פ	ס	ע	מ	פ	פ	ל	ס	ג	כ	ף	ג	ד
כ	ר	נ	א	מ	ד	א	ג	ט	צ	ז	א	מ	ט	ת	ס
ש	נ	א	ט	ד	ם	י	ל	ק	א	נ	י	ט	ק	ר	א
י	ד	ת	ר	ע	ה	מ	מ	ש	ל	ה	ק	י	ק	ח	ס
ו	ו	ם	ל	ן	ת	ו	א	פ	ש	ה	ד	ת	ס	ב	א
ש	ר	צ	נ	ר	ר	א	ר	ש	ל	צ	ע	ת	י	ב	ו
מ	ו	ט	ן	ח	פ	ל	א	צ	מ	ש	כ	ב	ח	ת	כ
מ	ת	ט	ת	ג	א	נ	ן	ם	י	א	ת	ט	ן	י	ל
ם	י	נ	ת	ו	נ	י	ח	י	א	י	ח	ף	מ	ג	ו
ח	ר	ן	ר	ג	ח	ב	ה	ע	נ	ר	ב	ש	מ	י	ס
ב	ן	ח	ו	ח	ם	צ	ה	ת	ר	ת	א	ס	פ	ד	י
ס	ס	ה	ט	ר	ר	ב	ס	י	ג	ר	ם	ר	ד	ו	ו
ם	ן	כ	ר	ש	ס	פ	ש	ד	י	ח	ע	ש	פ	ל	ת
ס	ח	צ	פ	ש	צ	ע	פ	ש	ה	ר	ד	ט	ב	ן	ף
ם	מ	ט	מ	ל	ס	צ	ת	ט	ב	ר	ב	ן	ט	נ	נ
ה	ל	א	ט	ף	ר	ס	ח	ו	ת	י	פ	מ	מ	פ	ט

ארקטי
אוכלוסיות
נתונים
אנרגיה
פיתוח
גז
דורות
חקיקה
תעשייה
בינלאומי

עכשיו
אקלים
משבר
בתי גידול
ממשלה
טמפרטורות
סביבתי
מדען
עתיד

65 - Länder #2

א	פ	נ	ר	ח	ס	ם	פ	ט	ל	ב	ן	ף	ט	א	ח
פ	ל	ק	ה	י	ס	ו	ר	ן	צ	א	ש	ן	ד	ו	ס
ל	ת	ב	י	מ	פ	ן	ם	ה	ם	ד	ו	ל	צ	ג	ל
ס	ל	צ	נ	ס	נ	פ	א	ל	ט	א	כ	ס	ד	נ	נ
א	מ	ח	ק	י	ט	י	א	ה	י	ר	ג	י	נ	ד	ת
צ	ר	א	ע	ח	ה	ן	פ	י	ש	ן	ב	ר	ל	ה	ט
ט	ס	ר	ש	א	י	ו	ת	פ	ר	צ	כ	ש	ר	ף	ף
ר	ש	ת	ה	י	ר	ו	ס	ו	ג	ם	ע	ש	י	א	ת
פ	מ	ד	כ	ה	ב	י	ר	י	מ	כ	פ	ר	א	ו	ח
ג	ח	ט	ע	ט	י	מ	כ	ת	י	ג	ל	נ	א	ק	מ
ף	פ	ח	א	מ	ל	נ	ד	א	י	ח	ם	ה	א	ר	א
ש	ד	ר	ס	ה	ה	ה	ר	ו	ק	י	ס	ק	מ	א	מ
צ	ת	ף	ת	ס	ש	ה	ם	ר	ה	ב	ר	ן	ט	י	מ
כ	צ	ב	ת	מ	א	ן	ב	ס	ת	ג	כ	מ	צ	נ	ח
ב	ן	צ	ע	ף	ל	צ	ם	ג	ג	ם	ת	ף	ג	ה	א
ל	ן	ט	ר	ס	פ	כ	נ	ת	ס	א	ב	ג	ט	צ	ה

אלבניה
אתיופיה
צרפת
יוון
האיטי
אירלנד
ג'מייקה
יפן
קניה
לאוס

ליבריה
מקסיקו
נפאל
ניגריה
פקיסטן
רוסיה
סודן
סוריה
אוגנדה
אוקראינה

66 - Fahrzeuge

א	צ	פ	ט	ר	ר	מ	ף	ר	מ	ן	ס	ו	ט	מ	צ
כ	מ	ר	ן	כ	פ	ח	ב	כ	ש	ם	י	ג	י	מ	צ
נ	כ	ב	א	ב	ד	מ	ר	ב	א	א	ר	ת	ל	מ	ל
א	פ	ב	ו	ת	נ	כ	ג	ת	י	ו	ה	צ	ס	נ	מ
ף	צ	ף	ו	ל	ט	א	ן	ת	ת	פ	ט	ש	ט	ו	מ
א	ב	ע	ר	ב	נ	מ	ב	ח	ל	נ	ק	ה	ת	ע	ע
ס	ב	ר	ק	ל	ן	ס	פ	ת	ל	י	ר	מ	א	ו	ב
ף	ס	ה	פ	ס	ע	ן	ם	י	ו	י	ב	כ	ף	נ	ו
נ	ר	ת	ח	מ	ל	ט	ר	ת	צ	ם	ן	ו	ף	ט	ר
ה	ס	נ	פ	מ	ס	מ	ו	פ	ע	כ	ל	נ	ח	ק	ת
ר	א	ן	כ	ב	ו	ו	ט	ה	ס	פ	ב	י	ע	ם	י
ם	ן	ן	נ	ת	ב	ף	ק	ף	ד	ו	נ	ת	כ	ט	נ
ת	ש	ת	ג	ת	ו	ת	ר	ף	ח	ת	ד	ב	ר	ב	ו
ע	ג	א	מ	ט	ט	א	ט	ן	ח	ת	ן	ה	פ	נ	מ
ח	ת	פ	צ	נ	ו	נ	ד	נ	ח	צ	מ	ס	ד	ת	ט
מ	ע	נ	ס	ן	א	ר	צ	ח	ב	ם	ן	ת	ע	כ	צ

מכונית
סירה
אוטובוס
אופניים
מעבורת
רפסודה
מטוס
מסוק
אמבולנס
משאית

מנוע
רקטה
צמיגים
קטנוע
מונית
טרקטור
רכבת תחתית
צוללת
קרוואן
רכבת

67 - Musikinstrumente

ם	ט	ג	ן	ס	ש	ד	ר	נ	ר	ג	ג	ד	מ	א	ע
ב	ר	ש	ב	ק	ח	ע	ב	ר	ע	ו	א	ח	ק	ב	ר
נ	ו	ן	ה	ס	כ	ל	ת	ו	ף	נ	ה	מ	ל	ו	ב
נ	מ	פ	ד	ו	ט	ב	י	ף	ת	ג	נ	ב	ו	ב	ן
ח	ב	צ	ח	פ	פ	נ	ל	ל	נ	א	ב	ג	ת	א	ד
כ	ו	ת	כ	ו	ג	פ	נ	ש	צ	א	ד	ר	ת	ל	ל
ל	ן	י	ו	ן	ט	ג	ל	נ	ף	ג	ב	ה	י	ם	ל
ת	ם	ח	נ	ף	ה	נ	י	ל	ו	ד	נ	מ	פ	צ	ח
מ	פ	ו	ג	א	מ	מ	י	ף	ם	א	ן	ן	ו	כ	ד
ה	ר	פ	צ	ה	ב	ר	ה	ר	צ	ו	צ	ח	ף	ה	ד
ם	כ	מ	ם	פ	נ	ו	י	ף	ל	א	ח	ר	פ	ס	ר
ר	ש	ט	ה	ף	ג	נ	ח	ם	ו	ק	א	נ	ס	ב	ת
פ	ס	נ	ת	ר	ו	י	א	צ	ר	ד	כ	ט	ד	ע	צ
ן	ט	ת	ש	ר	ב	כ	ת	פ	צ	צ	צ	ף	צ	ע	ה
ל	ן	ל	ה	ן	ר	ב	ס	ו	ן	ל	כ	ח	ד	פ	ס
ח	ה	ף	ס	צ	ב	ג	י	ט	ר	ה	ב	מ	י	ר	מ

בנג'ו
צ'לו
מקלות תיפוף
בסון
חליל
כינור
גיטרה
גונג
נבל
קלרינט

פסנתר
מנדולינה
מרימבה
מפוחית
אבוב
טרומבון
סקסופון
תוף מרים
תוף
חצוצרה

68 - Blumen

ב	ר	ה	ט	כ	ה	ע	צ	ל	ה	ח	ם	ל	י	ל	ך
ן	ד	כ	ה	ס	ד	ב	ל	ל	ה	ה	ן	ש	א	ב	מ
ב	ה	ג	ת	ף	ע	ע	ף	צ	א	ת	ף	ס	פ	נ	ב
מ	ף	ס	צ	ו	ד	ס	ח	ס	ל	ב	ה	ג	ר	ד	ח
ס	נ	ט	נ	ש	ה	ו	ל	ר	צ	ל	נ	ב	ב	ר	ה
א	ת	י	ף	ע	ד	ק	ח	ב	ל	ח	ס	ה	מ	ז	ע
ע	ה	נ	ת	ל	פ	ס	א	ג	ס	ה	ד	פ	ד	ת	פ
ע	א	ע	י	ס	מ	י	ן	ן	ת	י	ז	י	י	ד	ס
ב	נ	ח	פ	ר	ג	ב	ע	ע	ל	ד	ש	ן	נ	צ	י
ד	מ	ה	ח	מ	נ	י	ת	ן	ף	ן	פ	פ	ט	ג	פ
ת	ם	ח	ע	ה	ו	ה	ם	ש	ה	ף	ש	צ	כ	ה	ל
ב	פ	א	ת	י	ל	ר	ב	א	ש	כ	ו	ו	ב	נ	ו
א	ד	מ	ו	נ	י	ת	ר	כ	פ	מ	ש	ר	ר	כ	ר
ג	א	מ	ת	ד	ה	י	ן	ת	ל	ת	ן	ד	ר	ן	ה
ת	ג	ף	ת	ר	ת	ו	כ	י	ל	ע	ד	ע	כ	כ	ט
ג	ר	ג	ט	ג	ם	ע	ת	ט	פ	פ	א	ר	ה	פ	ס

מגנוליה
פרג
סחלב
פסיפלורה
אדמונית
ורד
חמנית
זר
צבעוני

עלי כותרת
גרדניה
דייזי
היביסקוס
יסמין
תלתן
לבנדר
לילך
שושן
שן הארי

69 - Natur

נ	ה	ר	ת	ת	ש	א	מ	ה	ם	ש	ש	ט	פ	צ	ב
פ	ר	ו	ט	מ	ח	ל	ד	ן	ו	ח	ר	ק	ר	ע	י
ע	י	י	ח	י	י	ט	ב	ד	ב	ב	נ	מ	ם	ם	נ
ח	ם	ל	ש	ו	ק	ס	ר	ב	ט	ל	ק	מ	ן	מ	ר
ד	י	ש	נ	פ	ה	ע	ד	צ	ע	צ	ע	ח	פ	ש	ם
ת	ל	ב	ס	י	ש	ד	ב	ש	מ	ט	ל	ע	פ	ש	פ
ן	.	ח	א	ט	ש	ד	ו	א	ף	ר	מ	ן	ר	ע	ר
נ	ָ	ף	ח	ק	ת	כ	ר	ר	ם	ת	ה	ש	צ	מ	ה
ש	ע	ר	כ	ר	פ	נ	י	ס	ח	צ	ף	ר	ג	כ	ה
ם	מ	ף	ט	א	פ	ה	ם	ר	ה	ש	פ	כ	ל	נ	ן
ש	ש	מ	ל	כ	ב	ף	ן	ם	ס	ט	ם	ח	צ	ט	נ
ת	פ	מ	ה	א	צ	מ	ג	פ	ר	א	י	מ	ל	ס	פ
ל	א	ע	ה	ל	ט	ר	ב	ו	א	ו	נ	ף	ס	ד	ע
צ	ג	ב	ה	ף	ה	נ	פ	ף	נ	ט	נ	ט	ש	ש	ט
ס	נ	ד	י	נ	מ	י	ה	י	ן	א	ע	ל	פ	ר	ע
ט	ס	ש	פ	ב	ל	מ	ח	ן	ט	ד	ה	ו	ו	ל	ש

ארקטי
הרים
דבורים
דינמי
שחיקה
נהר
שליו
קרחון
שלווה
עָלים

חיוני
ערפל
יופי
מקלט
חיות
טרופי
יער
פראי
עננים
מדבר

70 - Urlaub #2

מ	נ	ג	א	ת	ר	ף	ל	ב	ד	ח	ט	א	ט	ק	נ
ס	ס	מ	ם	ס	ח	ת	ל	מ	ף	ן	ש	ס	ל	מ	צ
ע	ס	מ	ר	כ	ב	ת	ן	ת	ו	א	ה	א	ה	פ	מ
ד	מ	ם	מ	ן	א	ט	נ	ש	ט	נ	ר	ן	פ	י	פ
ה	ם	ל	כ	ע	א	ע	ט	ל	ה	פ	י	ף	ו	נ	ל
ף	ה	ג	ו	ד	ו	ס	נ	נ	ל	ר	ט	ת	ע	ג	ח
פ	נ	א	י	ן	ה	ז	י	ו	ע	מ	ר	ט	ת	ד	י
כ	א	ה	א	ו	ל	ג	ס	ט	ר	ב	ע	ע	ה	צ	ע
פ	ע	ח	ן	כ	ה	ה	ג	ת	ם	צ	א	ס	ד	ח	ד
ב	פ	ג	ח	ר	ז	פ	ף	ף	ח	א	ת	ג	ש	ו	ד
נ	ם	פ	ש	ד	י	ם	ם	נ	מ	ב	פ	ר	כ	ף	צ
א	מ	ע	ן	א	י	פ	ח	ט	פ	ע	ו	ם	ע	ד	כ
ה	ף	מ	ט	ה	ף	ש	ב	ד	כ	ט	ף	ר	ן	ט	ם
ע	כ	צ	ע	ה	ל	ש	ל	ד	ג	ב	ג	ם	ה	ל	מ
צ	ת	ל	כ	מ	ן	פ	ה	ש	ה	ב	ס	ב	ם	ג	ן
נ	צ	ה	ר	י	ם	ע	ף	ש	ס	פ	ת	ה	צ	צ	ם

זר
הרים
קמפינג
שדה תעופה
פנאי
מלון
אי
מפה
ים
דרכון

מסע
מסעדה
חוף
מונית
תחבורה
חג
ויזה
אוהל
יעד
רכבת

71 - Barbecues

ה	ף	ס	ט	ג	ה	מ	ם	ג	ה	פ	ח	ש	כ	ט	ר
פ	כ	צ	א	ף	ל	ת	ת	ה	ל	ס	צ	ם	ה	ט	כ
א	ג	ח	ג	ע	נ	ר	ת	ח	מ	ד	ל	ב	ע	ר	ר
ר	ל	צ	ג	צ	ל	ט	ר	ס	צ	א	פ	ט	צ	ב	ם
ו	ג	צ	ן	ה	ת	ש	ד	ג	כ	ס	ל	ו	י	ן	פ
ח	נ	א	ד	פ	צ	ס	ש	ב	ש	ף	פ	ר	ג	ם	צ
ת	ש	פ	ע	א	ר	כ	ב	ע	א	ם	ח	ן	א	ת	ש
צ	ט	א	ח	מ	ר	ף	ע	ש	ף	ד	ט	צ	ג	ו	צ
ה	ס	ף	ש	מ	ז	ו	פ	ע	ג	כ	ב	צ	ת	ק	כ
ר	מ	ט	ד	צ	ג	ל	ח	ר	ח	ם	ע	ל	י	ר	ג
י	מ	ח	ל	מ	ם	ה	ג	ת	ע	ה	ת	ו	ר	י	פ
י	ו	ם	י	נ	י	כ	ס	ו	ע	ף	ב	ש	ד	ל	ר
ם	ז	ר	נ	ט	ק	ת	ן	כ	ת	ר	ח	י	ף	ד	א
נ	י	ח	ד	א	ח	ף	ם	ב	נ	ל	ב	ב	ט	י	נ
פ	ק	ת	נ	ה	ש	מ	ש	ן	א	ס	מ	מ	ע	ם	כ
ב	ה	ח	פ	ש	מ	ע	ו	ף	ל	ח	פ	פ	ק	י	ץ

ארוחת ערב
משפחה
פירות
מזלגות
ירקות
גריל
חם
עוף
רעב
ילדים
בישול
סכינים
ארוחת צהריים
מוזיקה
פלפל
סלטים
מלח
קיץ
רוטב
משחקים

72 - Küche

ן	ש	א	כ	ב	מ	ה	ם	ע	ס	ג	ש	ף	ה	ב	ה
ח	ש	ם	ם	ל	ש	ב	ה	ף	כ	מ	ס	פ	ו	ג	ר
כ	נ	ע	ף	א	ע	ת	ב	מ	י	ז	מ	ז	ו	ן	ע
ס	פ	ד	ס	ם	ן	ט	ס	ף	נ	ל	י	ר	ג	ן	ן
ג	ף	י	ף	ל	ע	ת	ם	ד	י	ג	נ	א	ף	ף	צ
מ	א	ל	ו	ח	ל	ה	ב	נ	ם	ו	פ	כ	ל	ח	ן
ר	ה	ע	ס	ת	ן	ב	ב	ל	ס	ת	נ	ו	מ	ח	מ
ס	ל	ם	ם	ה	ג	ף	ב	ן	י	כ	ב	ס	ק	כ	נ
ל	י	פ	ג	א	ד	ע	ם	כ	ם	נ	ם	ו	פ	ש	ח
נ	כ	נ	ח	ן	ו	כ	ת	מ	ע	ת	י	ת	י	פ	מ
ב	א	ש	ר	ג	ד	ד	ן	צ	ג	ש	כ	ם	א	ן	ן
ר	ת	ת	ר	א	ק	כ	כ	ק	מ	ת	א	ו	מ	פ	ד
נ	ו	ה	ק	צ	ע	מ	ן	ת	ת	ב	כ	ק	ל	פ	ל
ם	ל	ס	מ	ט	ר	ט	ב	ש	נ	ב	ד	מ	ט	א	צ
ן	ק	צ	ן	ד	ה	ע	מ	מ	ו	ר	כ	ו	ט	ה	פ
ש	מ	ח	מ	א	ר	ף	ה	ל	ר	ה	ם	ק	ש	ם	נ

מזון
מקלות אכילה
מזלגות
מקפיא
תבלינים
גריל
מצקת
כד
מקרר
כפיות

סכינים
תנור
מתכון
סינר
קערה
ספוג
מפית
כוסות
קומקום

73 - Schach

ם	א	ע	ל	פ	מ	ב	נ	ק	ו	ד	ו	ת	ח	ד	צ
ג	ת	ן	ל	נ	א	פ	א	ל	ל	ף	ש	ח	ק	ן	צ
כ	ה	ף	ט	ו	ר	נ	י	ר	ו	ח	ש	ר	ח	ב	צ
ד	ט	ן	א	פ	ש	מ	פ	ל	ט	צ	ת	ו	ש	ל	ב
ד	ב	ע	ל	ט	ל	ד	א	צ	ה	ס	ן	ת	מ	ר	ס
נ	ף	מ	ב	ך	ש	פ	פ	ב	ח	ן	ח	ג	פ	ר	ע
ר	ר	נ	ס	ד	ע	ת	ס	ג	ר	צ	ל	ה	ג	ג	ס
ד	ן	ט	ו	ר	צ	ה	א	צ	ט	ס	ף	א	ס	פ	ן
כ	ז	מ	ן	ן	ת	ל	ף	ר	נ	ב	ד	ש	ן	ת	ג
ף	צ	א	ע	ה	פ	ן	ם	ף	ג	ש	ג	ב	ע	נ	צ
צ	ח	צ	ב	ל	ל	י	ם	ס	צ	ג	פ	ש	ש	א	ג
ע	ג	ר	מ	ף	ג	ר	ל	ט	ג	ב	ס	ח	א	צ	ל
ם	ח	ה	ה	פ	א	י	ת	ם	ה	ש	י	ש	ה	ל	ת
ט	ב	צ	מ	ר	פ	ב	ת	ה	ק	ר	ב	ה	מ	ת	ש
ת	ה	ר	ף	ח	ח	ב	ט	ג	נ	ה	י	ו	ן	ר	צ
מ	ל	ב	ה	י	ג	ט	ר	ט	ס	א	ד	ת	ב	נ	ן

אלוף
אלכסון
יריב
מלך
מלכה
ללמוד
הקרבה
פסיבי
נקודות

כללים
שחור
משחק
שחקן
אסטרטגיה
טורניר
לבן
תחרות
זמן

74 - Geographie

ן	ר	מ	ש	ב	ס	ע	פ	צ	ן	פ	א	ב	כ	ש	ן
צ	נ	ס	ש	כ	מ	ט	ט	ף	ת	מ	ו	ב	מ	כ	נ
כ	א	ס	ט	ל	ן	ר	ט	ה	ס	ח	ק	ת	ד	כ	א
ה	מ	ס	ס	ת	ם	ח	ן	ד	ת	ף	י	ף	ד	מ	ט
ה	ן	ב	ס	כ	ד	מ	ד	צ	ע	ם	י	כ	פ	מ	ל
א	א	א	ן	צ	ע	מ	ג	פ	ש	ב	נ	ה	ר	פ	ס
ה	מ	י	ס	פ	ר	ה	ר	ו	ז	א	ו	ר	י	ה	ר
ו	ע	פ	צ	ח	ט	י	ם	ן	ב	ן	ס	ט	ע	נ	נ
ו	ל	ת	ת	ר	ם	ב	ט	ח	פ	נ	ס	ת	ת	י	ר
ש	ת	מ	מ	ג	ב	ת	ט	ג	ב	ט	נ	ע	ח	ד	כ
מ	ה	ס	ס	ם	ח	ט	ש	ב	ג	א	ח	ו	ג	מ	ס
ה	ר	ס	ג	ל	ו	ט	צ	ב	א	ו	ע	ל	ה	ת	פ
ו	ם	ט	ת	ן	ר	ס	ש	ר	י	ה	ב	ם	כ	ל	ה
ק	ס	ר	ס	כ	ו	ס	ג	ע	ע	ב	ף	ה	ל	צ	נ
צ	נ	פ	ג	ב	ק	ע	כ	מ	ף	נ	כ	ש	מ	ב	ם
מ	ר	י	ד	י	א	ן	מ	ת	פ	ע	כ	ף	כ	ב	פ

יבשת
מדינה
ים
מרידיאן
צפון
אוקיינוס
אזור
עיר
עולם
מערב

אטלס
קו המשווה
הר
קו רוחב
נהר
שטח
המיספרה
גובה
אי
מפה

75 - Zahlen

נ	ש	מ	ח	ג	ת	צ	ב	ת	ד	ל	ש	ט	ב	ש	ע
ת	ב	ג	א	פ	ש	ש	ח	ב	פ	כ	ה	כ	ס	ה	ש
ם	ע	ב	ש	ט	ע	ע	מ	ח	ר	ף	ע	כ	פ	ב	ר
ב	ע	נ	ל	פ	ע	ח	צ	ו	צ	פ	ג	נ	ד	ף	י
צ	ש	ד	ף	ר	ש	ע	ם	י	נ	ש	כ	נ	א	א	ם
נ	ר	א	פ	ס	ר	ש	ל	ו	ש	ה	ד	ס	ר	ש	ע
ס	ה	ש	ר	ב	ה	ת	ל	ל	ס	ט	ח	ן	ב	א	ד
ה	ר	ש	ע	ש	ש	מ	ה	ת	ת	ס	ש	נ	ע	ת	ח
ה	ש	ת	ח	ה	ס	ם	ף	ד	ם	ש	ס	ם	ה	ש	נ
א	ע	פ	פ	י	נ	ו	ר	ש	ע	ב	ע	מ	ע	ס	ד
ן	ש	ב	מ	ם	כ	ו	ל	ה	ש	ל	ט	ש	ש	ם	מ
ע	ו	ש	ת	י	י	ם	מ	ס	א	כ	ן	ם	ר	פ	א
ת	ל	ד	מ	ס	ב	ל	מ	ש	ר	ל	מ	ר	נ	ם	ם
ן	ש	ה	ן	ת	א	ל	ן	ג	ב	ה	ה	ס	נ	פ	ה
ת	ש	ד	ג	מ	ת	א	ה	ת	ע	ם	ר	ט	ר	ס	ג
ח	מ	י	ש	ה	ע	ש	ר	ה	ט	ד	ב	ף	כ	ח	ת

שש
שש עשרה
שבע
שבע עשרה
ארבע
ארבעה עשר
עשר
עשרים
שתיים
שנים עשר

שמונה
שמונה עשר
עשרוני
שלוש
שלוש עשרה
חמש
חמישה עשר
תשע
תשע עשרה
אפס

76 - Kunst Liefert

ר	פ	ף	א	ס	מ	ת	ש	ש	ט	מ	ב	ן	ד	ה	ת
ר	ל	ג	מ	ק	ב	ד	פ	ה	מ	ל	צ	מ	ד	נ	ע
ד	ת	ו	נ	ו	ר	פ	ע	צ	נ	ן	צ	מ	ן	ע	כ
מ	צ	י	ם	צ	נ	י	נ	י	ר	י	ם	ת	ח	ת	ת
מ	ת	ד	ב	ג	ס	ח	ל	ה	נ	ש	צ	ע	ע	ן	ש
פ	מ	ח	ק	צ	ל	ג	כ	י	ת	ש	י	ר	ף	צ	ן
מ	י	ם	ם	ם	ס	ס	ד	ס	ק	ח	ר	ב	ם	פ	צ
ר	ג	ט	ם	ת	צ	ד	ש	ם	ף	ט	ת	ח	צ	צ	פ
ן	ף	מ	פ	פ	צ	נ	ר	מ	ש	ת	י	ט	ד	ן	ח
ם	ה	ת	פ	ד	ת	א	ט	ד	ט	ף	ו	ט	ט	ר	ם
ל	ן	ב	ע	פ	ע	כ	צ	ב	ה	ס	ת	ם	ת	ש	י
פ	ל	מ	כ	ה	ג	צ	ן	ב	ג	צ	ס	ן	ע	ם	ע
ר	ב	א	ה	ע	נ	ע	ב	צ	מ	ב	ר	ש	ו	ת	ב
מ	א	ח	ל	ן	א	ס	ט	ף	י	נ	ח	ר	ה	ש	צ
א	ח	ג	ג	ד	א	ב	ה	צ	ב	ו	ת	ף	ר	ם	ס
ר	ע	י	ו	נ	ו	ת	כ	י	ס	א	ר	ט	ב	ל	ה

אקריליק	שמן
עפרונות	נייר
מברשות	מחק
צבעים	כן ציור
פחם	כיסא
רעיונות	טבלה
מצלמה	דיו
יצירתיות	חרס
דבק	מים

77 - Tage und Monate

ע	ש	ס	ב	ח	ט	י	י	ע	י	א	ע	ל	ע	ד	ס
ד	ל	ה	ט	ף	ו	ו	ש	ב	ו	ע	ף	ן	ש	צ	ם
י	נ	ו	י	ם	ם	א	ב	ש	ם	ף	ע	א	צ	מ	כ
ד	ן	ט	ש	ש	ס	ו	צ	ס	ר	ף	ר	ל	ע	ב	מ
ב	ס	י	נ	פ	פ	ג	א	נ	א	ט	צ	ע	ם	ר	מ
ח	ש	י	נ	ה	ט	ו	ע	ד	ש	ס	צ	כ	ת	ר	ח
י	א	ה	ס	כ	מ	ס	כ	י	ו	י	ל	ו	י	א	ף
ע	ו	מ	ן	ס	ב	ט	ו	י	ן	ת	ב	ש	ם	ו	י
ד	ק	א	נ	ף	ר	ם	ן	ו	נ	ו	ב	מ	ב	ר	צ
ד	ט	ע	נ	ח	ש	ל	ע	ם	ף	ד	ם	ן	ע	ב	ן
ד	ו	ע	ד	ל	א	ט	א	ח	ש	ד	ו	ח	א	פ	נ
פ	ב	ס	י	ם	ת	ע	ב	מ	מ	כ	ס	ה	מ	מ	ן
ב	ר	ש	ר	א	ו	נ	י	י	ח	ם	ם	ר	כ	ת	ג
ט	י	כ	ג	ר	ש	צ	ה	ש	ה	נ	ש	ח	ו	ל	ש
י	ע	י	ב	ר	ם	ו	י	י	ב	ת	ה	ג	פ	ח	נ
ג	ף	ד	ת	ד	ב	פ	ל	ט	ע	ט	ג	צ	כ	ט	ה

אוגוסט
דצמבר
יום שלישי
יום חמישי
פברואר
יום שישי
שנה
ינואר
יולי
יוני

לוח שנה
יום רביעי
חודש
יום שני
נובמבר
אוקטובר
יום שבת
ספטמבר
יום ראשון
שבוע

78 - Emotionen

ם	ש	כ	ח	מ	ף	ר	ח	ן	א	ד	ד	ח	נ	ה	א
ל	ע	מ	ב	ג	צ	ן	ש	ל	צ	ש	ט	ט	ר	ר	ס
נ	מ	ש	ר	ה	א	ל	כ	ט	א	ת	ן	ן	ג	ע	י
ר	ו	ש	ת	ד	ם	ר	ת	א	פ	ש	ן	כ	ש	ם	ר
צ	ם	ר	ס	ל	פ	ס	ב	ס	א	ח	ל	ו	ע	פ	ת
ה	פ	ע	א	ת	ח	ח	ע	ת	נ	א	ל	ת	ו	ס	ו
א	ש	ל	נ	ח	ג	ר	ח	ס	ם	ש	ל	מ	ג	ר	ד
ש	ל	ו	ם	ן	ד	מ	ס	ש	ן	כ	ת	ת	ר	ח	ה
נ	ן	ג	ה	ף	ך	ו	ר	ח	פ	כ	ד	ס	ט	ם	א
ן	ם	נ	ת	ג	ו	א	ל	ם	א	ח	ף	מ	ט	ס	ע
צ	נ	ח	א	ה	ב	ה	ו	ו	ל	ש	ד	ן	ש	ג	א
כ	פ	ב	ף	ש	נ	ח	ף	ם	מ	מ	ת	פ	מ	ה	ם
ג	ט	ד	ח	מ	ב	א	ר	ה	ס	א	ע	פ	א	ת	נ
כ	כ	כ	ס	ח	צ	צ	ד	מ	ו	ב	ת	מ	ה	ף	נ
ח	ג	ת	ג	ה	ע	ת	פ	ה	צ	ן	ס	ד	ה	ט	ט
ל	ש	נ	נ	ח	מ	נ	כ	א	ה	ג	פ	ג	ט	ה	כ

פחד
נרגש
נבוך
אסיר תודה
רגוע
שמחה
חסד
שלום
תוכן

שעמום
אהבה
שלווה
אהדה
עצב
הפתעה
כעס
רוך
מרוצה

79 - Das Unternehmen

ן	ס	ה	ע	ף	ה	ע	ש	ת	ה	ב	ה	פ	ת	מ	ה
ש	ס	ם	ר	כ	ת	מ	א	ס	ה	ע	ד	נ	ע	ג	ל
ה	כ	נ	ס	ו	ת	נ	ל	נ	י	ע	ו	צ	ק	מ	ס
ד	ב	ם	צ	ף	כ	ד	ר	ר	ח	כ	ת	ש	פ	ב	צ
ע	ב	ב	א	ס	ג	ה	צ	כ	ד	א	ו	ש	ח	ף	ח
ה	ש	ק	ע	ה	ס	ס	ו	צ	ש	כ	מ	נ	ם	צ	נ
ם	ן	י	ט	י	נ	ו	מ	נ	נ	ן	ד	ג	י	ם	א
ב	ע	ן	צ	ב	צ	ח	ה	י	י	א	ק	מ	ב	ם	כ
א	י	כ	ו	ת	ג	צ	מ	ח	ת	ג	ת	ת	א	י	ס
נ	ב	ן	ט	ג	ס	ף	ע	י	ר	ב	ה	ע	ש	ק	ם
פ	כ	ר	ר	ח	ע	ן	נ	ד	י	ה	א	ד	מ	ס	ט
א	פ	ש	ר	ו	ת	ש	ד	ו	צ	ק	ח	ד	ן	ע	פ
ד	ת	ח	ה	כ	ר	ף	ף	ת	י	ו	ן	ל	ד	ף	ף
ת	ע	ש	י	י	ה	ט	א	ס	ת	ס	ח	ת	ט	ס	ג
נ	פ	ט	ת	ן	ע	ם	ר	א	ר	ע	מ	נ	ד	ה	ס
ה	ס	נ	ם	ת	ם	ד	ה	ח	ל	ת	ל	ט	א	פ	ח

שכר
אפשרות
מצגת
מוצר
מקצועי
איכות
משאבים
סיכונים
מוניטין

תעסוקה
יחידות
הכנסות
החלטה
התקדמות
עסקים
תעשייה
חדשני
השקעה
יצירתי

80 - Kräuterkunde

צ	מ	ר	ד	ע	ש	ם	ג	ג	ע	ס	כ	ר	ס	ה	ן
כ	ש	ן	ר	כ	מ	ף	ר	מ	ש	ם	ד	ל	נ	ם	ע
ס	ר	ל	ז	ת	ע	ח	ם	ר	ר	ת	ד	ם	ג	א	ר
ד	ע	ם	ע	ט	ט	ש	ע	כ	ג	ר	ן	ר	ו	י	מ
ף	ט	ח	פ	ן	י	ג	ן	י	ח	ם	י	ח	מ	פ	ב
ר	ע	ש	ר	פ	מ	א	ש	ב	ק	ו	ר	י	ף	פ	ת
נ	ן	ר	ן	פ	י	י	ל	צ	ו	ש	מ	נ	ד	צ	צ
ט	ס	כ	ף	פ	ן	כ	ה	י	ל	י	ז	ו	ר	ט	פ
ח	ר	ד	נ	ב	ל	ו	ב	ע	י	ף	ו	ר	מ	ע	ע
ש	י	ג	א	כ	צ	ת	ח	ן	נ	ף	ר	ל	ו	ב	ח
ן	מ	ר	ו	כ	ר	ה	צ	צ	ר	ן	ת	כ	ש	ן	מ
ב	ש	י	מ	ן	צ	ט	ן	פ	י	א	ר	ו	מ	ט	י
ב	ן	ח	ל	ו	ד	ע	נ	ס	ב	ד	צ	נ	כ	כ	ל
נ	א	ן	ס	ת	ע	ת	פ	ח	ש	ט	ע	ג	ט	צ	ר
ס	ח	ש	ן	ל	ש	י	ט	מ	פ	ה	ש	א	ש	ה	ס
פ	ש	מ	ם	ה	א	ט	ל	ע	ם	ח	ם	ה	ג	ב	פ

קולינרי
לבנדר
מיורן
פטרוזיליה
איכות
רוזמרין
זעפרן
טימין
מועיל
מרכיב

ארומטי
ריחן
פרח
שמיר
טרגון
שומר
גן
טעם
ירוק
שום

81 - Aktivitäten und Freizeit

ה	ס	ר	ב	ת	פ	מ	ש	ח	י	י	ה	ן	צ	ם	ב
ג	ת	ח	ג	ו	ל	ף	י	ן	ף	ף	א	ב	פ	נ	צ
כ	ן	ב	מ	ע	ט	א	ש	ר	ג	ל	י	ש	ה	ג	נ
כ	ד	ה	מ	י	ע	ס	ג	ן	ו	נ	י	ג	ח	ל	ר
ד	ל	ו	ב	ס	י	י	ב	ב	מ	ץ	צ	ל	י	ל	ה
ו	צ	ט	ר	נ	ת	פ	ח	ט	ח	ס	מ	צ	ש	ל	כ
ר	ג	נ	ו	ע	י	ג	ר	מ	כ	ד	ו	ר	ג	ל	ת
ס	ר	א	י	ח	ף	ד	א	א	ה	ד	נ	ם	נ	נ	ג
ל	ל	צ	צ	ש	ו	כ	ן	מ	כ	ם	ן	ג	א	ל	ש
ר	א	ם	ג	ן	ר	ט	ח	ת	ג	ם	ן	ר	ן	ר	ר
ש	ן	ב	ד	ה	ג	ש	ע	פ	ף	ש	ן	ע	ן	כ	ש
א	ת	מ	א	ם	י	ל	ו	י	ט	ס	ע	ף	ס	ב	ף
א	מ	ד	י	ג	א	ח	ת	צ	ת	ס	ת	פ	צ	ת	ל
ף	ר	נ	ב	ן	ף	ג	א	ם	ן	ף	ם	ס	ח	ם	ד
ד	ב	צ	ו	ט	נ	י	ס	נ	ר	ם	צ	ב	ע	ט	א
נ	ס	ל	א	ת	ו	י	נ	ק	ק	מ	פ	י	נ	ג	ן

גולף
אמנות
נסיעות
מירוץ
שחייה
גלישה
צלילה
טניס
כדורעף
טיולים

דיג
בייסבול
כדורסל
איגרוף
קמפינג
קניות
מרגיע
כדורגל
גינון
ציור

82 - Formen

ש	ס	ח	ן	ס	ח	ר	מ	ן	ג	ח	א	ב	א	ם	ד
ע	כ	ג	ב	ה	ר	כ	י	כ	א	ל	ם	ף	ר	ג	ר
ט	ף	ל	ל	א	ו	ד	ן	ע	ח	ל	מ	מ	ה	ל	ט
ם	ם	ה	מ	ג	ט	נ	ה	א	א	ל	י	פ	ס	ה	ה
ג	ל	י	ל	א	ל	ש	ש	ת	ג	ד	ם	מ	ע	ג	ל
ט	ת	נ	מ	ג	ג	ע	ה	ע	ג	ן	ב	ה	ג	ק	ג
פ	א	ג	ם	ר	ש	ט	ה	נ	ן	ב	צ	ב	ר	ו	ר
ד	י	ג	נ	ת	ר	ס	ב	ב	פ	ל	צ	ם	ג	ש	ע
ב	כ	ר	ע	ע	ל	ל	נ	כ	ב	ף	ב	ר	ב	ד	נ
א	ר	ה	מ	ז	י	ר	פ	ן	פ	ד	ף	כ	ט	פ	א
ה	כ	ש	ג	י	ד	ד	ס	א	צ	מ	מ	ה	ן	צ	נ
מ	נ	ט	ל	ג	ד	צ	ת	א	כ	פ	ה	ת	ן	ח	כ
ף	נ	פ	ע	ו	פ	ה	ק	ש	ת	ן	פ	ו	ח	ם	ח
ף	ב	ה	ע	א	ש	ד	ם	ר	צ	ם	כ	ו	כ	צ	ג
ק	ו	ב	י	י	ה	מ	ו	ק	ע	ל	ו	צ	מ	מ	ת
ה	י	פ	ר	ב	ו	ל	ה	נ	י	פ	ש	ק	ש	ב	ה

קשת
משולש
פינה
אליפסה
היפרבולה
קצוות
חרוט
מעגל
עקומה
קו
סגלגל
מצולע
פריזמה
פירמידה
כיכר
מלבן
צד
קובייה
גליל

83 - Musik

מ	מ	ק	ל	_	א	.	ס	י	נ	פ	ה	ח	ל	נ	ף
ק	ו	מ	ל	א	ל	א	ת	נ	כ	ר	ג	א	א	ח	ד
ה	ז	ה	ק	צ	ב	פ	ס	ו	ה	ט	ל	ל	י	ל	כ
ל	י	פ	ט	ב	ו	כ	ל	מ	ג	ת	ה	ר	פ	ו	א
ה	ק	ל	ט	ה	ם	ת	ש	ר	ר	ה	נ	י	ג	נ	מ
מ	א	ע	ט	צ	ד	ת	ט	ה	ב	ח	ש	כ	ג	ג	מ
ן	י	ח	ר	ל	י	ט	א	ו	פ	ק	ג	צ	ן	י	ר
ח	ן	ג	כ	נ	ה	ר	ס	ף	נ	צ	ע	ע	ק	ר	ש
ר	מ	ז	ט	ד	ר	ס	ח	ת	ע	ב	ת	ר	צ	י	ר
ה	ב	ת	ל	ף	מ	ל	ד	מ	ף	י	ו	מ	ה	ל	ת
ש	ט	ב	ח	מ	ו	מ	מ	ה	ף	פ	ח	ז	ם	ש	ם
מ	ר	א	ת	ד	נ	ג	ע	מ	ו	ל	ע	ח	מ	ח	ד
ף	ע	ן	צ	ס	י	ה	ם	ן	ף	ת	ד	מ	צ	ט	מ
ל	ן	ף	כ	פ	ה	ג	ס	ד	פ	נ	ה	ב	צ	ן	ס
ט	ח	מ	ע	ח	ע	ם	ה	ח	ן	א	ג	ת	כ	צ	ש
מ	ע	צ	א	ג	ח	ג	ת	ט	ח	כ	ג	ג	ל	פ	ב

אלבום
הקלטה
בלדה
מקהלה
הרמוניה
הרמוני
לאלתר
כלי
קלַאסִי
לירי

מנגינה
מיקרופון
מחזמר
מוזיקאי
אופרה
פואטי
קצבי
קצב
זמר
שר

84 - Antiquitäten

ם	ד	ס	ד	ס	ב	ב	כ	ת	ת	ד	ד	ע	ף	פ	פ
ש	ח	נ	ן	א	ג	צ	ל	ם	ן	ת	כ	ך	א	ל	ע
מ	ט	ב	ע	ו	ת	י	ב	מ	ו	פ	ה	ר	י	כ	מ
ה	ד	ף	מ	ש	ת	כ	ג	כ	ג	ח	ר	ע	ט	ב	מ
ר	ס	ב	ח	ד	א	ם	י	מ	כ	ר	ף	מ	נ	פ	א
ב	ג	כ	פ	ם	ב	א	ד	ס	מ	צ	ל	ט	ת	ל	ב
מ	נ	מ	צ	י	ו	ר	י	ם	א	ד	ב	מ	ו	מ	ד
ג	ו	ח	ה	א	ם	ב	ו	ע	ה	צ	ח	ג	א	ת	ד
ל	ן	י	ר	ה	י	ב	צ	ן	ה	ן	ר	ן	ב	ה	ן
ר	פ	ר	י	ט	ט	ט	א	א	ע	פ	ע	ר	א	א	ר
י	ע	ר	ר	ב	י	ן	ד	פ	ק	ג	ט	ל	ע	ן	ף
ה	ם	ו	ם	נ	ש	ר	ו	ן	ש	י	ג	ו	נ	ע	ן
ח	ק	מ	ן	ם	כ	י	פ	ב	ה	נ	ף	ס	ל	ל	א
ד	א	מ	נ	ו	ת	ה	ן	כ	ט	צ	ל	י	ד	צ	צ
ם	פ	צ	ת	ה	א	ו	ש	י	ה	ר	ס	פ	ס	צ	ת
ת	צ	ף	ג	צ	א	ט	ס	ב	ב	ן	ח	ל	ל	צ	ף

ריהוט
מטבעות
מחיר
איכות
תכשיטים
פיסול
סגנון
יוצא דופן
מכירה פומבית
ערך

ישן
פריט
אותנטי
דקורטיבי
אלגנטי
גלריה
ציורים
השקעה
מאה
אמנות

85 - Adjektive #2

ם	א	ט	א	ר	ן	צ	א	ט	ג	מ	א	ר	מ	ח	ע
מ	פ	ד	ו	ן	ל	ס	נ	נ	ר	ט	ש	ם	א	ש	ה
ה	ן	פ	ת	ס	ב	ט	ג	ג	ש	נ	ר	נ	ל	ל	פ
צ	צ	צ	נ	א	ר	ם	ג	נ	ר	ע	ט	ג	ב	ה	ר
מ	ה	ד	ט	ל	י	ע	ב	ט	ת	ף	מ	ב	ט	ן	ו
ר	ר	ל	י	כ	א	ר	צ	ט	ב	ה	ן	נ	ר	ס	ד
ן	ל	א	ם	כ	ף	ל	ו	ף	ר	ג	י	ל	ל	ח	ו
ג	פ	ג	ס	פ	ר	א	י	א	ף	ם	י	ר	ר	ז	ק
י	צ	י	ר	ת	י	ע	ס	פ	י	ת	נ	ת	נ	ק	ט
ט	ר	ב	ו	מ	פ	ל	ש	ד	ח	ת	ע	כ	ל	צ	י
נ	ד	ט	פ	ר	ב	ט	ה	ר	ו	א	מ	ן	ג	ט	ב
ג	ב	ש	מ	פ	ת	ס	ס	מ	ל	ג	ב	א	ט	ח	י
ל	ף	כ	ן	פ	ר	ר	ל	ט	מ	ת	א	ש	צ	ב	א
א	ה	ה	כ	פ	ע	ת	ש	י	ף	ע	ד	ה	ד	נ	ר
ש	ע	נ	ף	א	ב	ל	פ	ה	ע	ג	ד	ר	צ	ל	ח
ר	צ	ר	ד	ם	מ	צ	ב	ר	ה	כ	ע	ף	פ	נ	א

יצירתי
טבעי
חדש
רגיל
פרודוקטיבי
מלוח
חזק
גאה
אחראי
פראי

אותנטי
מפורסם
תיאורי
דרמטי
אלגנטי
אכיל
טרי
בריא
רעב
מעניין

86 - Kleidung

נ	ס	נ	י	ג	ס	ד	ג	א	צ	ס	ע	צ	ף	ח	ף
ש	ה	ע	ב	ו	כ	נ	ת	ה	ל	ש	ד	א	ט	ע	ר
ל	ח	ל	ה	ר	ס	ט	ד	ת	מ	צ	נ	ל	צ	ג	צ
נ	ש	ר	מ	א	ג	ח	ש	ל	י	ע	מ	כ	ד	ל	ת
ר	ה	ד	ג	ש	ח	ח	ף	ף	י	ע	צ	צ	ג	א	נ
ח	צ	א	י	ת	צ	פ	ל	ס	מ	ם	א	ו	פ	נ	ה
ב	ל	ד	פ	ר	מ	ע	ם	ס	כ	ף	ם	כ	ל	נ	ר
ג	ו	ל	ד	ש	י	מ	ל	ל	נ	ל	כ	ס	ד	כ	ו
ס	ח	מ	ד	ר	ד	מ	ד	ד	ס	ס	א	צ	ה	פ	ג
צ	ו	ת	כ	ש	י	ט	י	ם	י	ת	ם	א	ס	מ	ח
ב	ם	ו	ג	ר	ב	י	י	ם	י	כ	ס	ש	פ	ע	מ
כ	ל	פ	ד	ן	ם	ת	ג	ט	ם	ת	ד	ה	ם	פ	ס
ת	ג	פ	ל	ר	נ	ם	ן	מ	כ	ף	צ	ט	מ	ס	ת
ט	ה	כ	ם	נ	ב	מ	כ	ף	פ	א	ל	ן	ח	ע	נ
ח	ש	ג	ן	י	ס	ר	ט	ר	ר	ח	ב	ג	צ	ם	כ
נ	ף	כ	נ	ס	ת	ף	ן	צ	כ	כ	כ	ס	ל	צ	פ

אופנה
סוודר
חצאית
סנדלים
צעיף
פיג'מה
תכשיטים
נעל
סינר
גרביים

צמיד
חגורה
שרשרת
כפפות
חולצה
מכנסיים
כובע
ג'ינס
שמלה
מעיל

87 - Haus

ה	ש	ת	מ	פ	ן	ת	צ	פ	ב	ן	ג	ד	ת	נ	ר
מ	ט	ב	ח	נ	מ	צ	א	ה	א	מ	ו	ת	ן	ד	ף
ף	ו	ה	ד	ה	ו	ד	ד	ם	ל	צ	ע	ל	ג	ל	ל
צ	ה	ב	ו	ר	א	ר	ף	ר	ף	כ	ע	א	ח	ת	פ
נ	י	ד	צ	ת	ט	ה	ה	ד	ף	ר	כ	ט	ן	ל	א
א	ר	א	ש	ט	כ	ר	ש	נ	ג	צ	ם	א	ל	ף	מ
ה	צ	ל	א	ף	ת	ת	א	א	ת	נ	ן	ט	ף	פ	ד
ר	ש	ל	ב	ס	ם	ר	ה	ד	כ	ה	ת	מ	א	ן	ב
ן	ל	פ	צ	ס	פ	ר	י	ה	א	ר	מ	מ	ל	ל	נ
ח	ד	ר	ש	י	נ	ה	ד	ע	ט	ק	ף	נ	ף	פ	ח
ה	ד	ן	ה	ש	ם	ף	מ	ג	ג	ת	י	י	ל	ע	ד
ש	ת	ע	ד	ע	א	ד	ב	ט	ם	ה	ד	ם	ע	מ	ר
ס	ן	ס	א	ע	ד	ג	ג	ר	מ	ק	ף	ש	ם	ר	ף
ף	ן	ט	ס	פ	ב	ד	ד	צ	ו	י	ט	ם	ע	ם	ם
ל	ף	נ	צ	א	ג	ר	ר	צ	ס	ר	ח	ם	נ	ס	ח
מ	מ	מ	ק	ל	ח	ת	א	צ	ך	ם	א	ש	ת	פ	צ

מטאטא
ספריה
גג
עליית גג
תקרה
מקלחת
חלון
מוסך
גן
אח

מטבח
מנורה
ריהוט
חדר שינה
ארובה
מראה
דלת
קיר
גדר
חדר

88 - Bauernhof #1

ן	מ	ה	ד	צ	ס	ח	פ	ר	ה	ת	צ	פ	ט	ל	ם
ף	ב	ש	א	ס	נ	ש	ז	ע	ד	ח	ח	ף	ב	ע	ש
ר	ה	כ	ה	א	ב	ס	ח	י	ש	מ	ב	ח	ר	צ	ב
ל	א	ו	ר	ז	מ	ר	ס	צ	ר	ד	ג	ה	ת	ע	ש
ש	נ	ש	ו	כ	ה	ג	ם	ד	י	ץ	ט	כ	ל	ט	נ
ר	ף	א	ב	ל	ו	ת	ח	כ	ח	ר	ר	ע	ס	ס	ט
ר	ש	ט	ד	ב	ד	ן	פ	נ	ט	א	מ	ט	ס	א	ף
ל	צ	ע	ל	ר	נ	ר	א	א	ד	ש	ד	ד	ת	ן	ס
מ	פ	ל	ת	ו	ן	צ	ב	פ	ח	ד	ד	ן	ב	כ	ד
ן	ב	ף	ר	ע	ס	ס	ף	ג	ם	ש	ב	ש	מ	צ	ד
א	ר	צ	ם	ת	ו	א	ל	ק	ח	ן	ש	ף	מ	פ	ד
ג	ר	ד	י	ת	ס	ם	ג	ן	ן	ת	מ	ט	ה	ה	ג
ס	ע	ח	מ	ו	ר	ס	ע	ן	ש	ש	מ	ם	ת	ה	ת
ש	ט	ו	נ	ש	נ	א	ל	ע	א	ן	ה	מ	ת	ת	ן
ג	ח	ת	ף	צ	ל	ס	מ	צ	כ	ם	ד	ח	מ	ר	פ
ג	ה	ס	מ	ב	ר	ה	ל	א	ם	ל	ן	ב	ח	ב	ם

דבורה
דשן
חמור
שדה
חציר
דבש
עוף
כלב
עגל
חתול

עורב
פרה
ארץ
חקלאות
סוס
אורז
חזיר
מים
גדר
עז

89 - Regierung

ה	ם	ל	נ	ש	ד	ם	ף	פ	ש	ם	ח	ג	כ	צ	ט
ר	ם	ח	ר	ל	ס	ת	ב	צ	א	צ	ו	צ	ה	א	צ
צ	ם	ת	נ	ה	צ	ט	ה	י	ט	ר	ק	ו	מ	ד	מ
ח	ם	נ	ד	ן	א	ט	ח	ב	ש	ר	ה	ח	מ	ף	צ
מ	ד	ש	צ	ד	ש	י	פ	ו	ט	י	מ	ו	ט	נ	ב
ט	ט	ם	ג	ת	ו	א	מ	צ	ע	ז	ד	ק	ת	ן	י
פ	ת	מ	פ	ו	ל	י	ט	י	ק	ה	כ	ה	ף	ש	ד
פ	ב	ל	ד	ר	ל	מ	ל	ן	ל	ט	מ	ו	ת	ב	א
ד	י	ו	ן	י	נ	ו	א	ש	מ	ר	א	ו	י	ח	ג
ל	ג	ן	ת	ח	ה	א	פ	כ	צ	ד	ב	ד	א	ו	נ
ד	י	ב	ו	ר	ת	ל	מ	נ	ע	נ	ח	ר	ר	ב	ת
מ	ה	מ	ש	א	נ	ג	ה	א	ח	א	ע	ס	ד	נ	ע
ע	ד	א	ב	ס	ג	ב	ש	ו	ו	י	ו	ן	ס	מ	ל
מ	ב	ע	ת	פ	ד	צ	ד	ק	ש	נ	ב	א	ע	ד	ש
ס	כ	ף	ע	א	ו	ם	ח	פ	ר	ם	ה	א	ף	ר	ג
מ	ת	ן	ש	ן	ת	כ	ס	ם	נ	ג	ע	ד	ס	פ	א

אומה
לאומי
פוליטיקה
זכויות
דיבור
מצב
סמל
עצמאות
חוקה
אדיב

דמוקרטיה
אנדרטה
דיון
התנגדות
חירות
שליו
צדק
חוק
שוויון
שיפוטי

90 - Berufe #1

ה	ר	מ	כ	ל	ע	צ	פ	ב	ת	כ	ש	י	ט	ן	ה
פ	ו	כ	נ	ש	ו	ט	ס	ר	נ	י	ר	ט	ו	ם	פ
ג	א	ו	ה	ף	ר	ע	י	ב	ג	ק	פ	ח	ף	ס	ש
ב	ה	נ	ש	ה	ך	מ	כ	ר	ר	י	א	ר	ק	ד	ן
צ	ח	א	כ	ה	ד	ה	ו	ש	ן	ש	א	י	פ	ט	א
מ	ש	י	ת	ב	י	ף	ל	ש	א	ן	ח	ו	ב	כ	ן
פ	ב	פ	ם	ל	ן	ן	ו	ר	מ	ח	נ	פ	ל	ם	ף
ס	ו	א	צ	ל	ס	כ	ג	ד	כ	ס	ת	ע	ע	ו	ר
נ	ן	מ	ו	ז	י	ק	א	י	ף	כ	ב	ט	ב	נ	ג
ת	מ	ל	ש	ם	ר	א	צ	נ	ח	ס	א	ג	ל	ו	ו
ר	א	ה	ג	ם	ד	ו	ק	ט	ו	ר	א	מ	ן	ר	ט
ן	מ	ע	ר	כ	א	ב	צ	ט	ן	פ	ר	פ	פ	ט	ר
א	ע	ף	י	ס	ח	כ	צ	י	ה	ט	ד	ט	ר	ס	ק
ט	נ	ד	ר	נ	ו	צ	מ	ת	י	ת	מ	א	מ	א	א
ל	מ	ל	ש	ת	ת	מ	ן	ב	ה	ד	ס	ע	מ	ג	כ
ף	ט	צ	כ	ח	ן	ר	ע	ס	צ	ב	ח	ב	ד	צ	מ

אחות
אמן
מכונאי
מוזיקאי
פסנתרן
פסיכולוג
עורך דין
רקדן
וטרינר
מאמן

דוקטור
אסטרונום
בנקאי
שגריר
רואה חשבון
גיאולוג
צייד
תכשיטן
קרטוגרף
שרברב

91 - Adjektive #1

ב	ט	א	מ	י	מ	פ	ם	ר	ק	י	מ	ת	ג	כ	ת
ד	ט	נ	פ	נ	פ	ח	ע	ז	נ	ר	ב	ן	נ	ת	צ
ה	א	ה	ם	ר	ט	ה	ף	ה	ע	פ	א	מ	ן	כ	ט
ח	ח	ל	ס	ד	ם	צ	ד	א	ה	צ	ך	ו	ש	ח	ע
א	י	ט	י	ו	נ	ש	ט	ס	ר	ז	צ	ח	צ	פ	א
ש	כ	ם	ח	מ	פ	ע	י	ל	ח	צ	ט	ל	ח	פ	ה
מ	מ	נ	פ	א	ע	ף	ש	ה	כ	ת	ם	ט	ל	ת	צ
ח	ג	ן	ת	ס	ח	ט	ה	ל	מ	א	נ	ף	ל	פ	פ
א	ג	ל	ע	ט	ל	מ	ד	ע	ט	כ	ט	ג	ף	ג	ח
ג	מ	ת	מ	י	ם	ל	ש	ו	מ	ר	ג	ס	ג	ס	ח
ב	ף	נ	א	ט	ר	ק	ט	י	ב	י	מ	ף	ל	ע	ד
מ	ע	ב	ו	ש	ח	ו	ס	ש	ר	מ	ע	ח	ג	ע	ש
ט	ח	ר	ר	ת	ס	מ	כ	א	ט	ד	ת	ס	ם	מ	ם
ל	ח	מ	ע	ד	י	ע	כ	ב	ד	ת	ל	א	כ	ש	א
ס	ם	ש	ע	ד	ם	ע	נ	ב	נ	ה	נ	ד	מ	ג	ד
א	ר	ו	מ	ט	י	ל	ן	ד	ג	כ	ה	ג	ר	ם	ס

מוחלט
פעיל
ארומטי
אטרקטיבי
חשוך
רזה
כנה
שמח
זהה
אמנותי

איטי
מודרני
מושלם
ענק
יפה
כבד
עמוק
תמים
יקר
חשוב

92 - Geometrie

ן	ס	ח	צ	ט	מ	ע	ם	א	ן	ס	נ	ס	מ	פ	ט
מ	ק	ב	י	ל	מ	ם	ף	ת	צ	ן	מ	מ	ד	ף	ט
ל	א	ו	פ	ק	י	ס	ת	צ	י	ע	ם	צ	נ	א	מ
ג	ו	מ	ס	ה	מ	י	ר	ג	מ	א	ח	ן	ע	ת	ש
ע	ע	ג	ג	מ	ן	מ	מ	מ	ד	ש	ו	צ	ף	ה	ט
ל	ש	ט	י	ו	כ	ט	מ	ן	ח	ד	ו	ר	ם	ע	ח
צ	ף	מ	פ	ק	מ	ר	פ	ס	מ	ח	ח	ל	י	ט	ב
ש	ט	ש	ד	ע	ה	י	פ	ם	א	י	ש	ג	ש	ה	ף
ב	ם	ו	ח	ל	ב	ה	ב	ט	ל	ש	צ	ע	ט	ק	ט
ם	א	ו	ס	ג	ו	ע	ן	ח	ם	ו	ם	מ	מ	ט	ן
ע	ב	א	א	נ	ג	ר	ת	ע	ה	ב	ר	כ	י	כ	ר
א	ל	ה	י	צ	ר	ו	פ	ו	ר	פ	ז	ו	ו	י	ת
ת	ד	ג	ק	ו	ט	ר	ע	ף	ה	ט	ג	ן	ת	נ	ד
ת	ס	ש	ד	ע	ס	ר	ף	נ	ט	מ	צ	ן	מ	ס	ד
ח	פ	ה	ה	מ	ר	ן	ן	ט	ח	ם	נ	ב	ב	פ	ש
ט	ה	נ	ר	ט	ח	פ	ד	פ	כ	ס	ר	ר	א	ר	ן

פרופורציה
חישוב
ממד
משולש
קוטר
משוואה
אופקי
גובה
מעגל
עקומה

לוגיקה
מסה
מספר
משטח
מקביל
כיכר
קטע
סימטריה
תיאוריה
זווית

93 - Jazz

מ	מ	כ	ח	ש	ס	כ	ס	א	נ	ח	ף	פ	מ	ה	ן
פ	ה	ג	ר	ט	ג	ל	ג	ל	ת	ז	מ	ו	ר	ת	ן
ו	ד	ש	ל	ב	ג	ח	נ	ת	ג	ם	ז	ל	נ	ר	ב
ר	ה	ק	י	נ	כ	ט	ו	ו	ש	י	ר	ו	א	ר	ה
ס	ק	ד	מ	ל	ח	י	ן	ר	ק	ח	ן	ס	ז	פ	ה
ם	י	ח	א	ג	ף	א	ש	א	ף	ד	ר	ם	ר	ף	ס
ו	ז	ר	ע	פ	מ	ל	י	ה	ד	ש	ע	ת	ע	מ	ע
ב	ו	צ	ה	ד	פ	ם	מ	ל	ג	ת	ר	ב	ל	ם	ם
ל	מ	ה	כ	ב	י	ס	ם	ת	פ	ם	ס	ב	ע	ש	ף
א	ל	ע	מ	פ	פ	ם	ש	צ	ד	ק	כ	ס	ף	ט	ר
ע	ר	ח	ד	ח	פ	א	ק	ו	נ	צ	ר	ט	ר	פ	ט
מ	צ	ע	פ	א	ת	פ	ה	ר	כ	ב	ג	ר	ת	ר	ף
פ	ו	כ	מ	ג	ל	כ	צ	ב	ה	ן	ו	ר	ש	י	כ
מ	צ	ן	נ	צ	מ	צ	ף	ס	ן	צ	ס	ש	ג	מ	ש
כ	ף	ת	ח	ף	מ	ח	ה	ט	מ	ת	ם	ח	ט	נ	פ
ף	ט	ג	ע	ה	ש	ג	ב	ה	ן	ל	ע	ש	ד	ל	מ

מוזיקה
מוזיקאים
חדש
תזמורת
קצב
סולו
סגנון
כישרון
טכניקה
הרכב

אלבום
ישן
מפורסם
מועדפים
ז'אנר
אלתור
מלחין
קונצרט
אמן
שיר

94 - Mathematatik

כ	ם	צ	ן	פ	ב	ס	ף	ק	י	ה	נ	א	נ	ת	ה
א	ל	ב	ש	ב	ה	ח	כ	ח	ס	ס	פ	ט	ה	ט	ג
כ	ן	ש	ה	ג	ט	ת	נ	ת	א	ס	ח	ל	ר	ת	צ
ג	ב	ל	מ	ע	ר	י	ך	ה	ף	ם	נ	פ	ג	ם	ף
ר	ל	ו	ת	ל	ר	ר	ש	כ	א	פ	ס	פ	ן	ת	ד
ט	מ	ש	ו	ו	א	ה	ד	ת	פ	ט	ן	ר	ס	ל	ה
ו	מ	מ	ל	צ	ג	ב	ע	ף	כ	ל	א	ה	ש	פ	נ
ק	ת	ם	ע	מ	צ	ת	ש	ס	ר	ת	ש	י	כ	ע	ת
ד	ע	צ	מ	ט	ח	כ	ג	ף	ט	צ	ע	ר	ע	ב	מ
מ	נ	ש	ג	ת	ת	ג	ד	ר	פ	ר	ס	ט	ג	ק	ש
ע	ל	ת	ם	ע	ה	ח	צ	ד	ם	ף	א	מ	ב	ב	ר
ש	ן	ו	ב	ש	ח	ג	א	ו	מ	ט	ר	י	ה	צ	ח
ר	נ	ף	ר	כ	י	כ	ע	ש	ע	א	ל	ס	מ	ר	ד
ו	מ	ד	ב	ן	ד	נ	ט	ס	ט	י	כ	צ	ת	א	ל
נ	ד	ת	ט	ז	ו	ו	י	ו	ת	ו	ל	י	ב	ק	מ
י	כ	ב	מ	מ	ס	פ	ר	י	ם	צ	ח	צ	ב	ב	ן

חשבון
שבר
עשרוני
משולש
קוטר
מעריך
גאומטריה
משוואה
מעלות
מקביל

מקבילית
מצולע
כיכר
מלבן
סכום
סימטריה
היקף
נפח
זוויות
מספרים

95 - Messungen

ש	ף	ן	ם	ט	ג	ב	ן	ר	ס	ד	ב	ע	ן	ב	מ
ח	ע	ט	ה	ר	ט	ג	ר	ש	ג	ס	ש	נ	א	ה	ם
ר	ו	ח	ב	ר	ו	ס	נ	ט	י	מ	ט	ר	ו	ט	א
צ	ח	ם	ך	כ	ן	ג	ר	ם	מ	ט	ר	ת	נ	מ	א
ל	י	ט	ר	ח	ת	ח	ט	ר	ר	ב	ד	ל	ק	ט	כ
ק	נ	ט	ו	ג	ת	ב	מ	ס	מ	ם	נ	ש	י	ת	ר
ש	ו	ס	א	ן	ו	ם	ו	ג	ח	ד	ט	א	י	נ	ל
מ	ר	ה	ע	ה	ש	ל	ל	נ	ל	ן	ב	פ	ת	ם	ן
ט	ש	ט	ט	ש	ד	ת	י	ב	ת	ו	א	ר	צ	ד	ס
נ	ע	ל	ר	ס	מ	פ	ק	ק	צ	ד	ב	כ	ג	ק	א
ן	ט	ת	ל	ס	ם	ס	ע	מ	ן	ן	ב	ן	ב	ה	י
ף	ג	ד	כ	נ	ח	ל	ה	ו	ב	ן	ב	ע	ם	ס	נ
ת	ל	ן	ד	ע	פ	ש	פ	ע	מ	ג	ו	ב	ה	ט	ץ
ה	מ	מ	כ	ח	ס	ח	ל	ם	צ	ט	ב	ל	ר	ת	פ
ר	כ	ת	ה	ף	ד	ש	ח	ל	נ	ב	ט	ב	ד	ם	ת
ס	ד	ת	ד	ל	ג	ף	פ	נ	צ	מ	ס	נ	ט	ן	צ

רוחב
בית
עשרוני
משקל
תואר
גרם
גובה
קילוגרם
קילומטר
אורך

ליטר
מסה
מטר
דקה
עומק
טון
אונקיית
נפח
סנטימטר
אינץ

96 - Boxen

נ	ף	א	ן	ח	כ	ן	ן	ד	צ	מ	ף	ע	ס	ן	ן
ק	ע	ן	ג	פ	ח	ם	ד	פ	ם	ן	ה	ב	י	ר	י
ו	פ	ח	פ	ה	ת	ע	ן	צ	ח	נ	א	ט	ה	ע	ף
ד	ג	ו	ף	כ	ט	ד	ט	ם	ר	ק	פ	ר	מ	ם	א
ו	ת	כ	ס	כ	פ	ף	ו	ר	ג	א	ה	ט	י	ע	ב
ת	מ	ל	מ	י	ו	מ	נ	ו	ת	ח	ן	ל	ן	ס	פ
ף	ו	ה	נ	ג	ש	ע	ד	ז	ו	ם	ב	ס	ת	נ	ע
ע	ת	ה	ט	ד	ק	ו	מ	ח	ע	ח	ב	ל	ט	ט	מ
ח	ש	נ	ן	פ	צ	ר	פ	ש	י	ט	ע	א	ע	ר	ו
נ	ף	ה	נ	ח	ט	ר	מ	מ	צ	נ	צ	ל	ס	צ	ן
ר	ם	ע	ה	פ	א	ן	ב	א	פ	ר	מ	ה	ן	ט	ח
ט	ה	ף	ש	ס	ש	ן	ש	מ	ת	ן	פ	ח	א	ל	ט
צ	צ	ח	ת	ס	ת	ס	כ	ש	ל	ש	ה	ד	ל	ל	ע
א	ח	ם	ל	ש	א	ד	ב	ט	צ	כ	פ	ף	ו	כ	ל
צ	ס	ן	ב	כ	ם	ט	ג	ד	ג	ב	ח	ג	ח	ף	ס
ף	ב	פ	ת	ג	ב	ב	ב	ש	ר	כ	ס	ן	ם	ד	פ

בעיטה
סנטר
גוף
נקודות
שחזור
שופט
חבלים
כוח
פציעות

פינה
מרפק
מותש
אגרוף
מיומנות
מוקד
יריב
פעמון
כפפות
לוחם

97 - Bauernhof #2

צ	ף	ן	א	צ	ם	ה	ה	פ	ס	ד	ט	ט	ם	א	מ
נ	צ	ל	פ	ט	ג	פ	ם	ש	צ	ד	כ	ט	נ	ז	ם
ט	ג	ש	כ	ד	ס	צ	צ	נ	ט	ח	נ	ת	ר	ו	ח
ר	ה	ד	ר	ע	ש	ה	ש	ן	ת	ם	נ	ת	א	ו	א
ק	ס	ט	א	ע	ט	ף	צ	ר	ס	מ	ל	ת	י	ר	ס
ט	מ	ז	ו	ן	ס	ה	י	ק	ש	ה	ם	י	ש	ב	כ
ו	ל	ר	ח	ל	ב	ג	ה	צ	ש	י	ל	פ	א	ת	ש
ר	ה	כ	א	ס	ת	ש	ר	ע	ז	א	ס	ם	ר	ב	י
ן	נ	י	פ	י	ר	ו	ת	ו	מ	ה	ט	י	ח	ד	ר
כ	ם	א	ד	ף	ו	ח	ו	ה	ל	צ	נ	ט	ף	ר	ק
פ	ח	ש	ף	ן	ו	א	י	ן	ד	ח	נ	ש	ח	ס	ט
ג	ל	ב	ה	ם	כ	כ	ח	א	ב	ן	כ	ת	ט	א	ה
ט	ג	ף	ל	כ	ם	ע	ג	צ	ם	נ	ש	ר	ט	ג	ג
ת	ג	ע	ן	ט	כ	א	ר	ה	ס	ן	ג	ט	ל	ן	כ
ם	ע	ה	ע	מ	ב	ג	ר	ר	א	נ	ג	ל	ה	ח	נ
ב	א	ל	ב	ב	ב	א	ה	ש	ח	ב	ף	ם	ח	ט	ה

טלה
תירס
חלב
כבשים
אסם
חיות
טרקטור
חיטה
אחו
טחנת רוח

איכר
השקיה
כוורת
ברווז
מזון
פירות
אווזים
ירק
שעורה
לאמה

98 - Berufe #2

פ	ע	פ	ד	ט	א	ט	ד	פ	כ	נ	ר	צ	ח	ה	נ
נ	י	ש	ל	ו	א	נ	א	י	ס	ס	ן	ל	ט	ע	ה
א	ת	ח	ס	א	פ	ו	ר	ל	ה	פ	ה	ם	ח	ן	ט
ת	ו	י	ד	נ	ש	מ	ן	ו	ם	ר	ח	צ	ת	ח	י
ן	נ	ג	נ	ו	ר	צ	ר	ס	מ	ה	ן	ס	ר	מ	י
ד	א	צ	ה	ר	ו	מ	ר	ו	ד	ן	ח	מ	ב	ן	ס
ל	י	ף	מ	ט	פ	ת	ו	ף	ל	כ	ס	ם	ב	ש	נ
ח	פ	צ	א	ס	ע	ס	פ	ש	ש	ם	מ	ה	צ	ל	ב
ם	ת	פ	ס	א	כ	ם	א	מ	ג	ו	ל	י	ו	ב	ל
ח	ת	נ	מ	ס	ש	ר	ש	צ	ש	כ	ן	מ	י	ל	ם
ם	ו	פ	ת	כ	ל	א	י	ב	ן	ן	ע	ב	ר	ש	ל
ב	מ	ק	צ	ד	מ	ג	נ	י	ז	ו	א	ו	ל	ו	ג
נ	ב	ב	ר	נ	ש	ט	י	ח	א	ד	פ	ם	צ	א	ר
ם	צ	ב	ס	ם	ע	ב	י	צ	נ	מ	מ	צ	י	א	נ
ג	ת	א	ן	ע	מ	ם	ם	ן	ג	ר	מ	כ	ג	ן	א
ה	ר	צ	ד	ה	נ	ב	ג	ן	מ	נ	ף	ג	ת	א	ג

מאייר
מהנדס
עיתונאי
מורה
בלשן
צייר
פילוסוף
טייס
רופא שיניים
זואולוג

רופא
אסטרונאוט
ספרנית
ביולוג
מנתח
בלש
ממציא
חוקר
צלם
גנן

99 - Wetter

ד	ב	ט	ו	ק	ה	ח	ת	ן	ח	ש	ר	ל	ס	ח	ס
ק	כ	ע	מ	מ	ו	נ	ס	ו	ן	א	ו	ו	י	ר	ה
ש	ל	ף	ס	פ	ג	כ	ח	ו	ר	ב	ד	ע	י	ק	ר
ת	ב	א	ר	צ	ר	צ	ַ	ח	ת	ה	נ	ם	צ	ל	ע
ף	ח	ח	ח	מ	נ	ט	·	ב	פ	ג	ר	י	ד	ל	ס
ת	ן	מ	ף	פ	ב	א	ו	ר	ל	ס	ו	מ	ב	ג	ב
ט	ר	ו	פ	י	נ	ן	ר	ר	ם	ט	ט	כ	ש	ש	מ
ב	כ	פ	ב	מ	צ	ה	ב	ם	ה	ף	נ	ת	ר	ט	נ
ח	ש	ס	ח	נ	ף	ג	ן	מ	ן	ג	ם	ה	ב	כ	ד
ה	ל	ד	ן	ג	מ	ם	ן	ם	י	ל	ק	א	צ	ג	ן
ת	ו	כ	כ	ח	ת	ח	ע	ע	ר	פ	ל	ב	ו	ת	ף
ע	ל	ר	ב	ס	ג	נ	ח	ר	ן	ט	ת	ב	ר	ע	ת
פ	ה	ת	י	צ	ן	ה	פ	ש	ש	ס	ג	ל	ת	נ	א
ט	א	ח	ש	ק	ש	ם	ר	ד	ה	א	א	ת	ח	ן	ה
פ	ש	ף	ף	ל	ן	צ	פ	א	ל	כ	ג	ב	ח	ס	ד
ה	ת	ט	צ	ה	ד	צ	ף	ל	ב	ר	ק	מ	כ	ד	ש

אווירה
ברק
רוּחַ
רעם
בצורת
קרח
רקיע
הוריקן
אקלים
מונסון

ערפל
הקוטב
קשת
סערה
טמפרטורה
טורנדו
יבש
טרופי
רוח
ענן

100 - Chemie

ה	ס	ה	כ	א	ה	ם	א	ט	ת	ף	ע	ג	צ	ב	א
ז	י	נ	י	ע	ר	ג	מ	ן	מ	ח	פ	ט	ג	כ	ל
ר	ם	י	ז	נ	א	פ	ג	ס	נ	ר	ו	ל	כ	ם	ק
ז	א	ש	ט	ה	ר	ס	ס	ס	צ	ג	ן	מ	י	מ	ל
ג	ט	פ	מ	ט	ח	ף	ם	ח	ף	ר	נ	מ	י	נ	י
ם	ש	ס	ו	ן	ר	ב	מ	כ	ל	ר	ד	ח	ו	ם	י
ל	ם	ר	ן	ל	ת	ה	פ	ח	מ	ל	ח	ע	ן	מ	ן
ש	ה	צ	א	כ	ל	ג	מ	ו	ל	ק	ו	ל	ה	מ	ב
א	כ	ם	ה	ט	כ	ט	נ	ד	ס	ש	מ	ע	פ	א	צ
ד	ט	ג	ש	ג	ג	ע	ו	ד	ם	מ	צ	ד	א	ו	צ
ם	ר	ן	צ	מ	ח	צ	ז	ל	ש	ם	ה	ל	ר	ר	א
ט	ש	ד	צ	כ	ר	ש	ל	ד	פ	ת	ק	ת	כ	ג	א
פ	ג	נ	ל	מ	ע	ן	כ	ר	ג	ט	נ	מ	מ	נ	א
כ	ם	ב	ע	ף	פ	ף	ר	ו	ר	ת	ס	כ	ש	י	כ
ש	נ	ה	ל	מ	ל	פ	ב	ו	ם	פ	כ	ט	ן	ב	ת
ח	מ	ח	ח	צ	ף	ה	ן	ע	פ	ס	מ	ג	כ	ג	ע

פחמן
מולקולה
גרעיני
אורגני
תגובה
מלח
חמצן
חומצה
טמפרטורה
מימן

אלקליין
כלור
אלקטרון
אנזים
נוזל
גז
משקל
חום
יון
זרז

1 - Gesundheit und Wellness #2

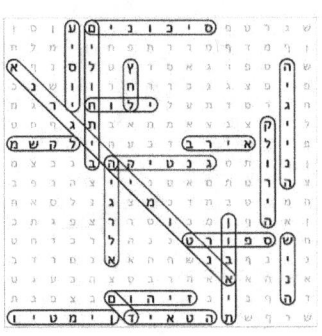

2 - Ozean

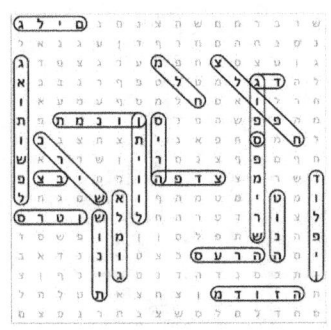

3 - Krankheit

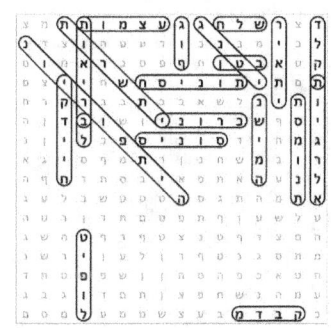

4 - Meditation

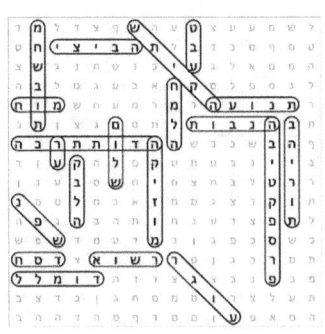

5 - Archäologie

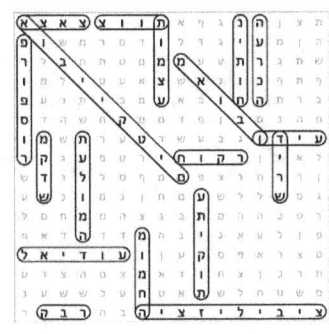

6 - Gesundheit und Wellness #1

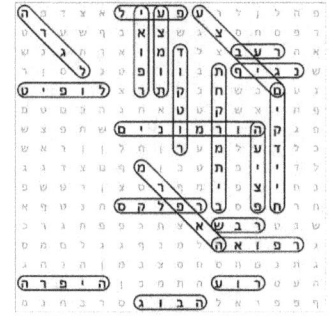

7 - Obst

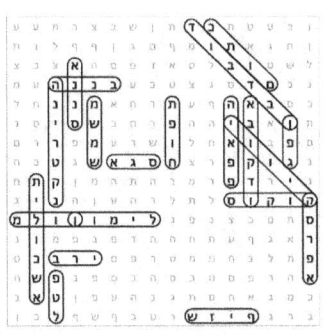

8 - Universum

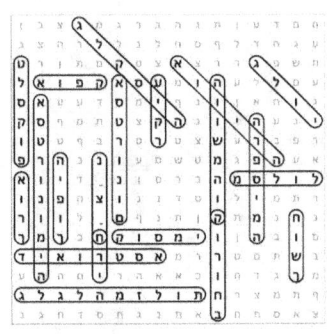

9 - Camping

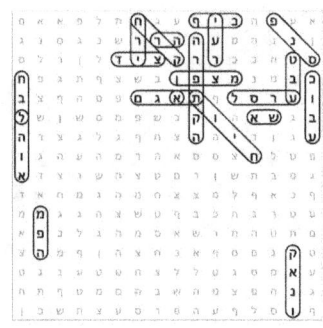

10 - Zeit

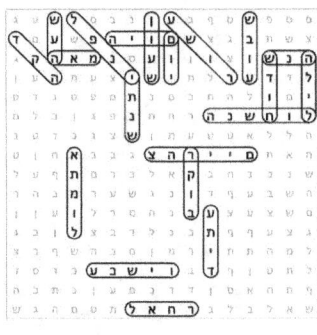

11 - Säugetiere

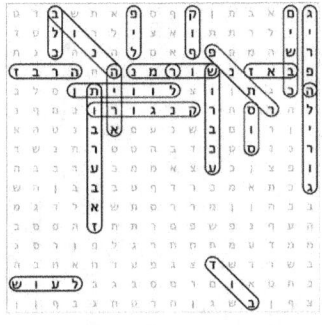

12 - Algebra

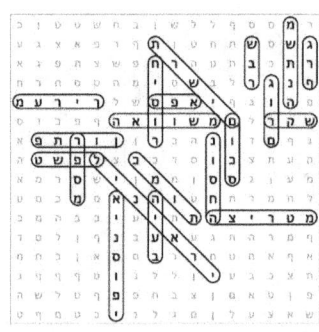

13 - Diplomatie

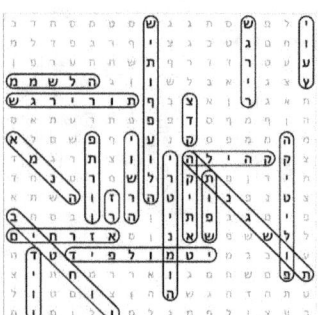

14 - Astronomie

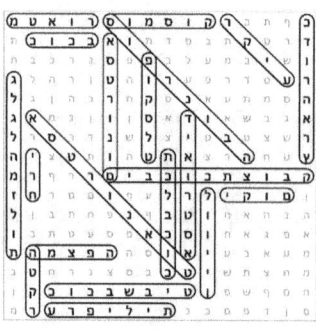

15 - Ballett

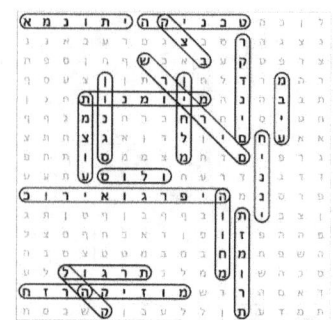

16 - Strand

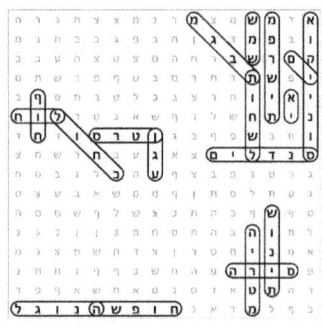

17 - Geologie

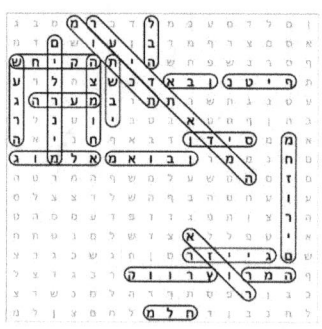

18 - Wissenschaft

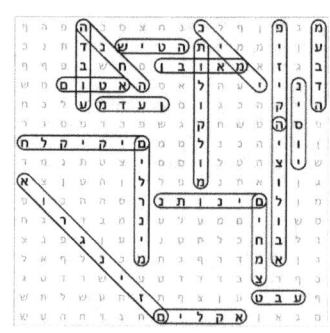

19 - Bildende Kunst

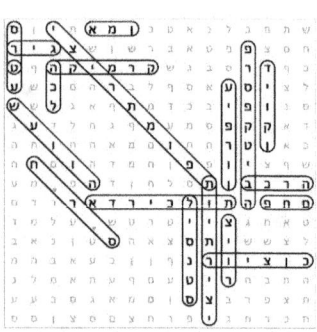

20 - Sport

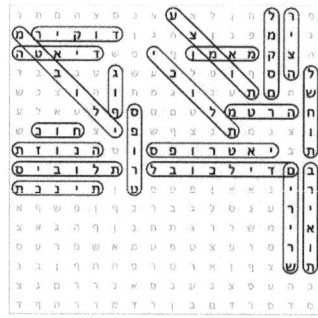

21 - Mythologie

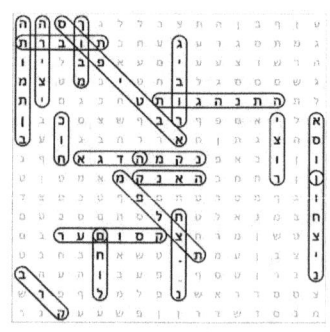

22 - Restaurant #2

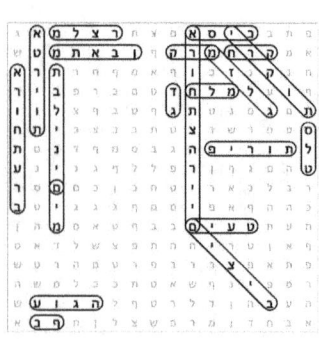

23 - Schokolade

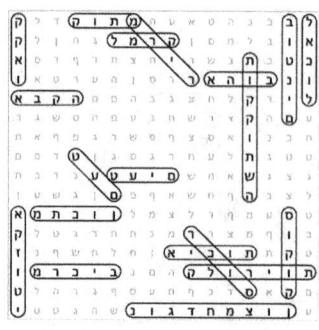

24 - Boote

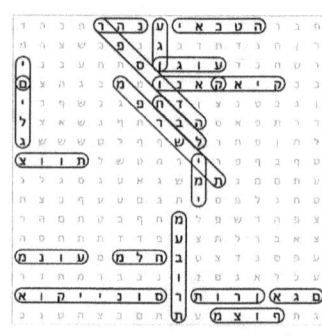

25 - Stadt

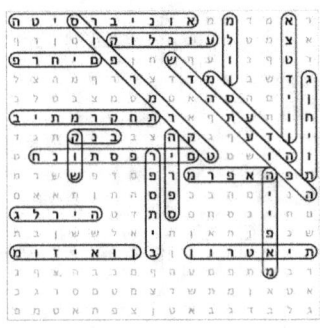

26 - Aktivitäten

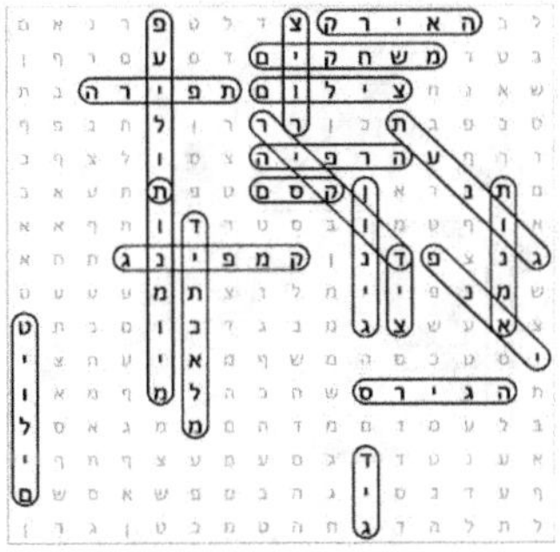

27 - Bienen

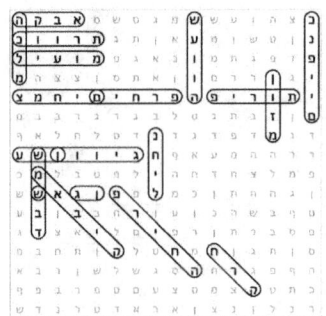

28 - Wissenschaftliche

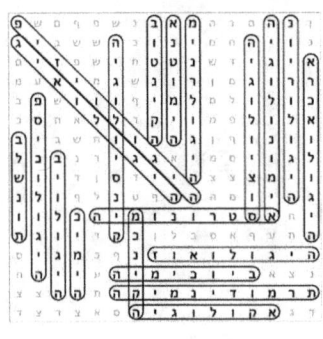

29 - Vögel

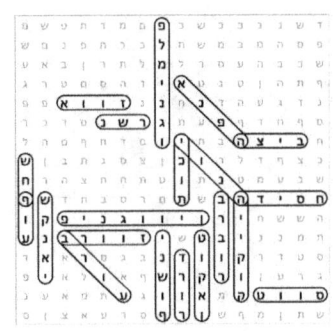

30 - Biologie

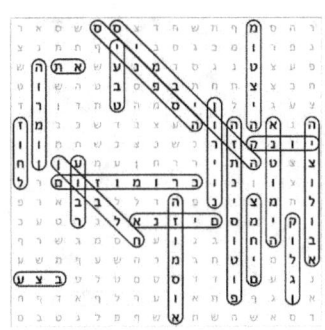

31 - Elektrizität

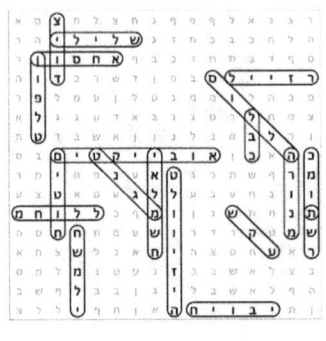

32 - Antarktis

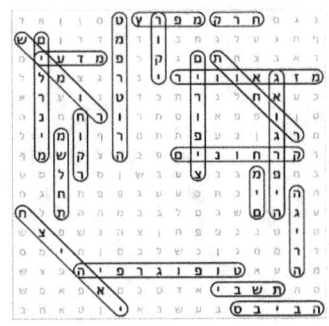

33 - Fahren

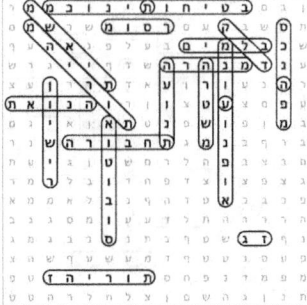

34 - Physik

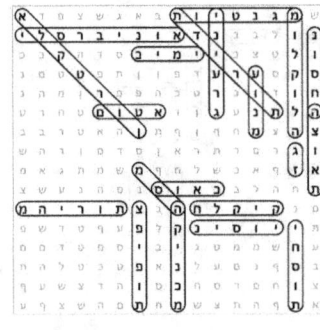

35 - Bücher

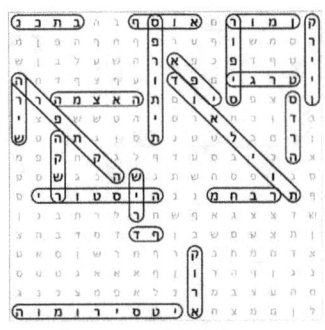

36 - Menschlicher Körper

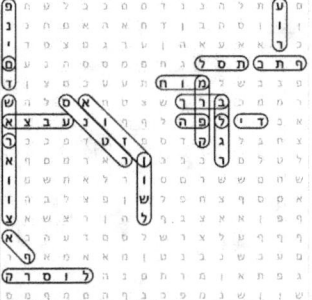

37 - Agronomie

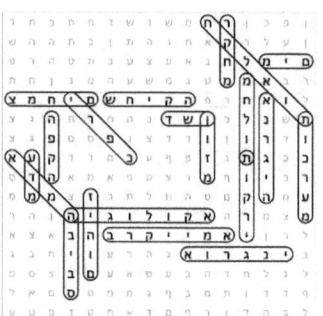

38 - Landschaften

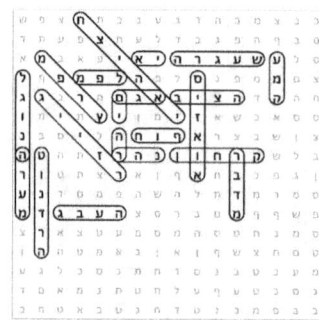

39 - Abenteuer

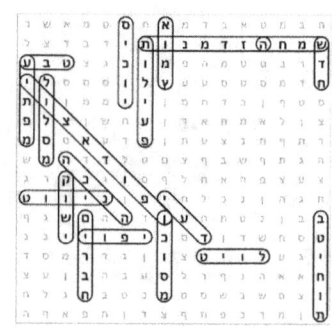

40 - Flugzeuge

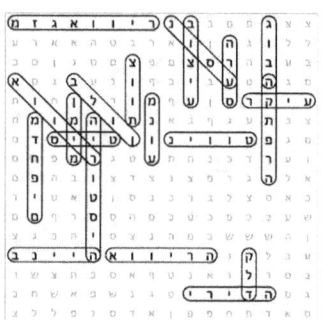

41 - Haartypen

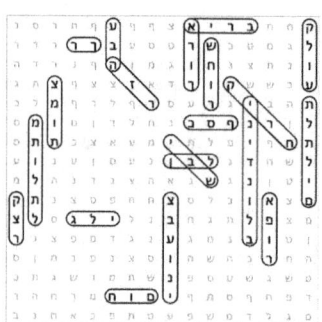

42 - Essen #1

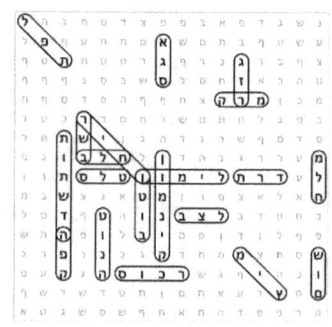

43 - Ethik

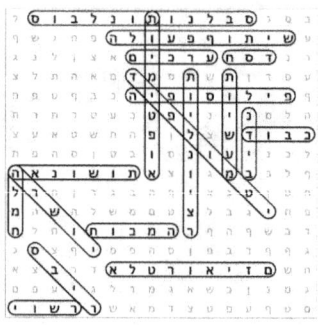

44 - Gebäude

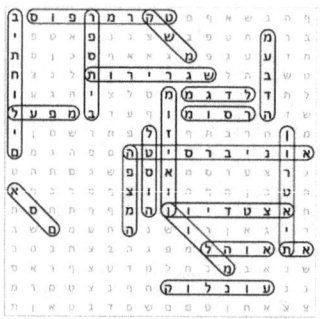

45 - Mode

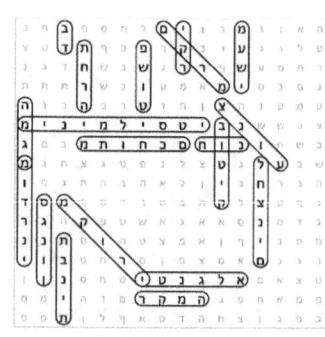

46 - Angeln

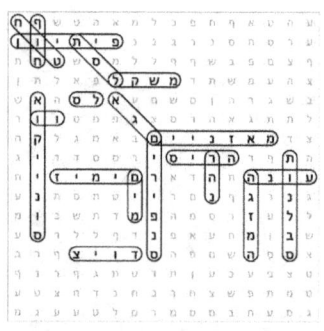

47 - Essen #2

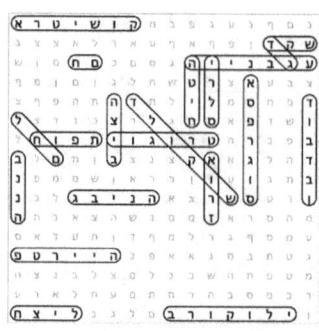

48 - Energie

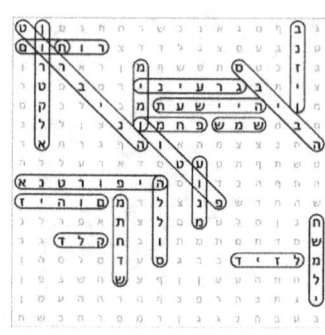

49 - Familie

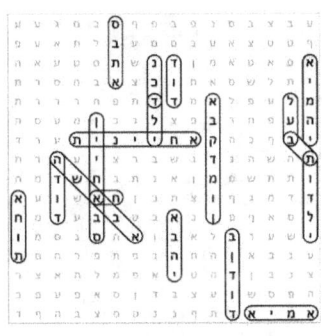

50 - Pflanzen

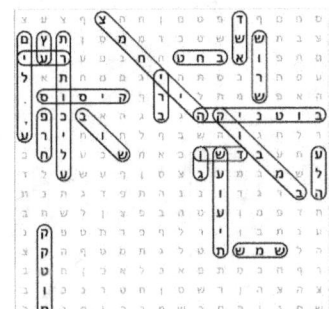

51 - Gewürze

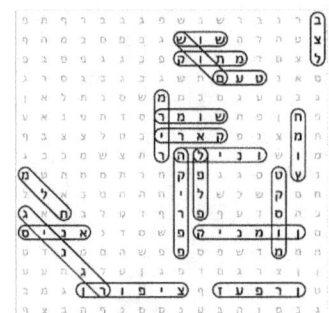

52 - Kreativität

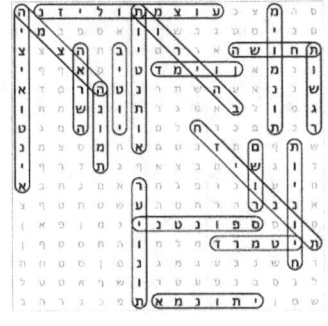

53 - Geschäft

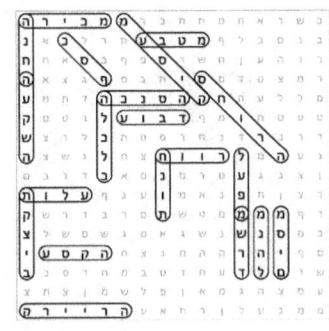

54 - Ingenieurwesen

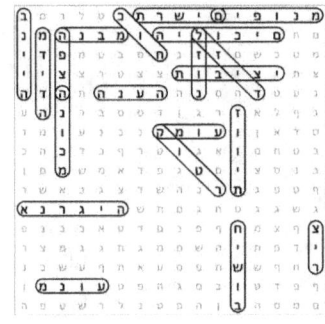

55 - Kaffee

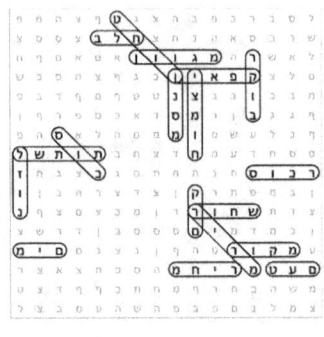

56 - Gemüse

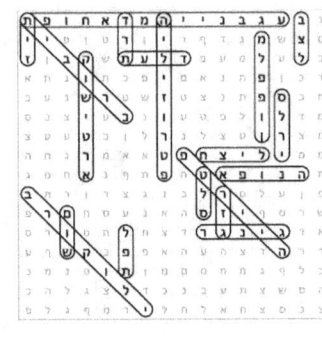

57 - Schönheit

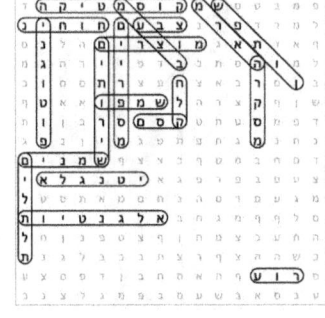

58 - Ernährung

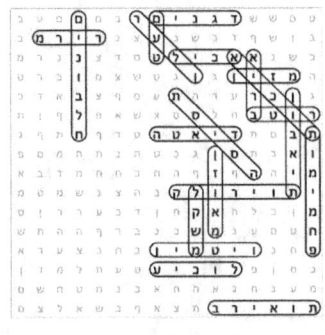

59 - Länder #1

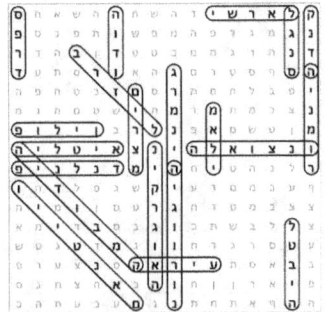

60 - Technologie

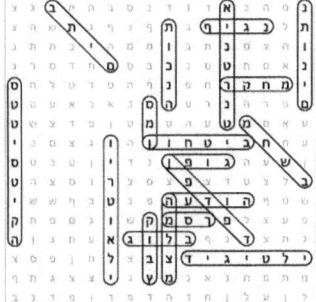

61 - Science Fiction

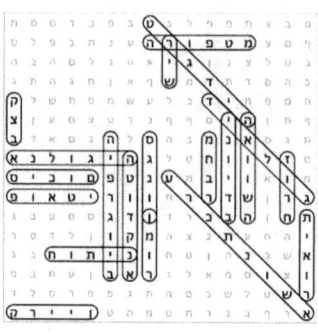

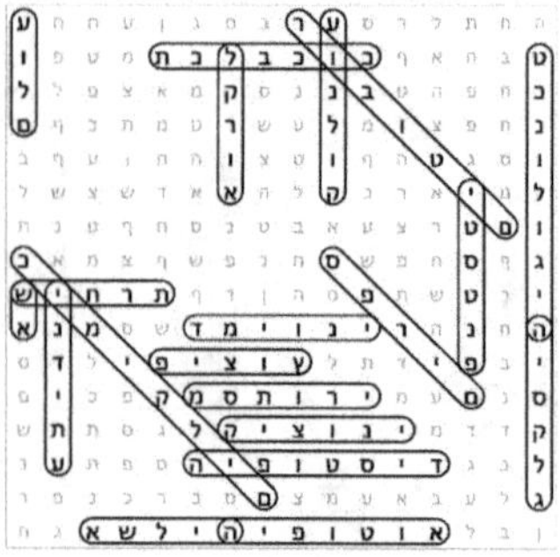

62 - Literatur

63 - Wandern

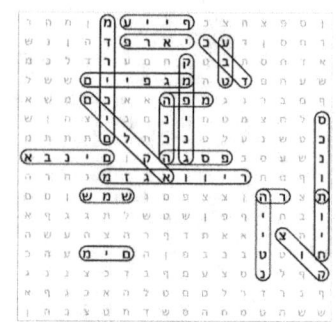

64 - Globale Erwärmung

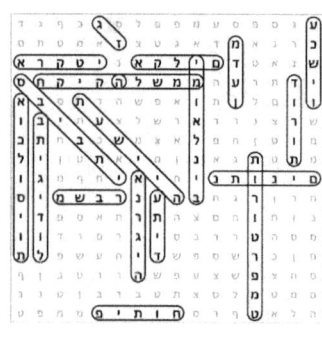

65 - Länder #2

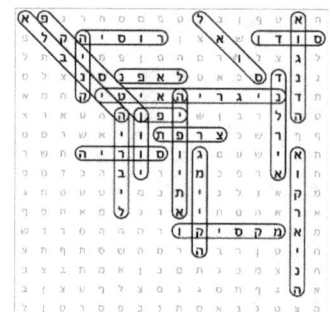

66 - Fahrzeuge

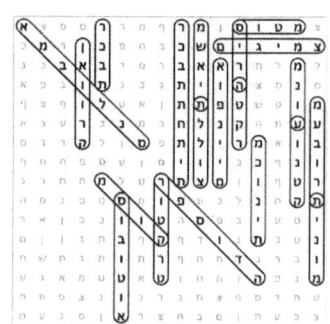

67 - Musikinstrumente

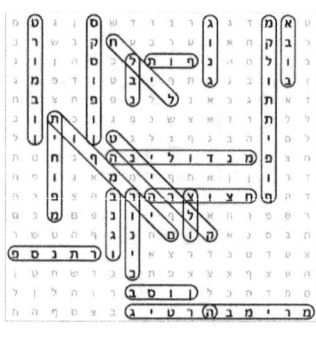

68 - Blumen

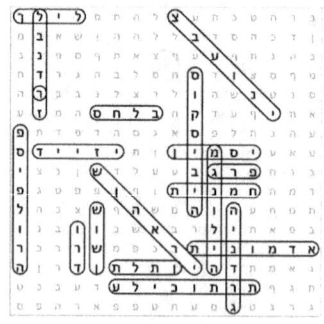

69 - Natur

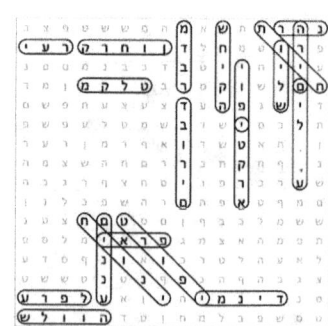

70 - Urlaub #2

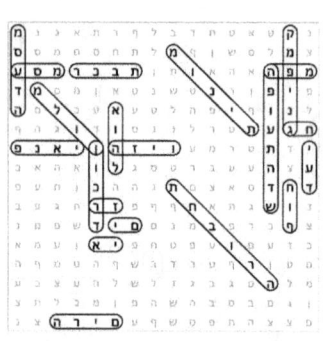

71 - Barbecues

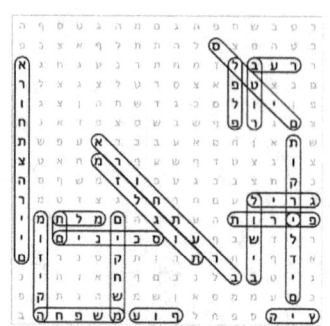

72 - Küche

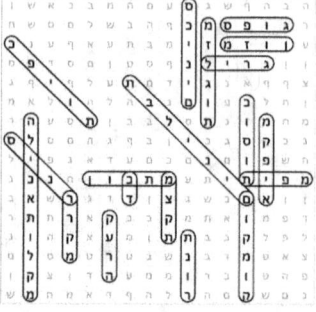

73 - Schach

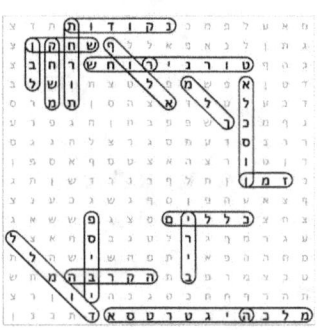

74 - Geographie

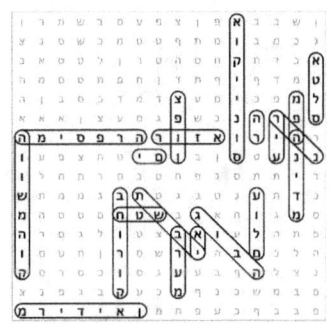

75 - Zahlen

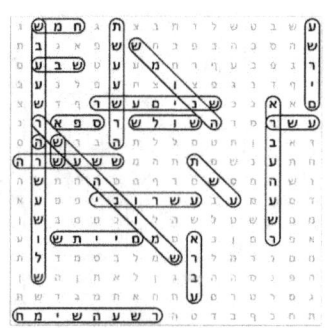

76 - Kunst Liefert

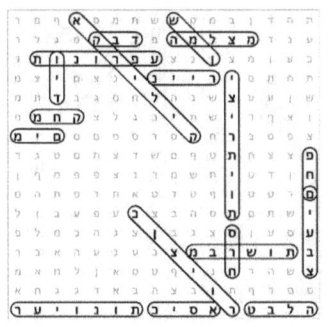

77 - Tage und Monate

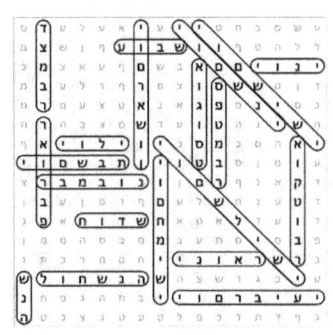

78 - Emotionen

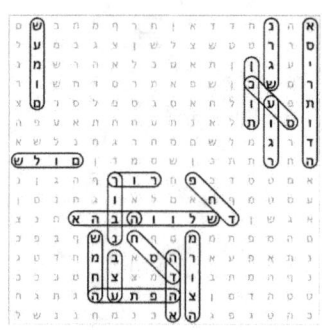

79 - Das Unternehmen

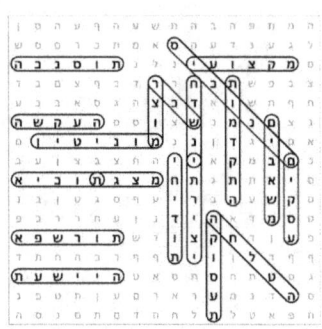

80 - Kräuterkunde

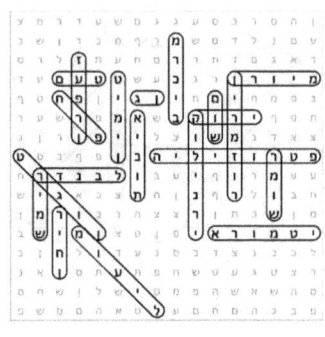

81 - Aktivitäten und Freizeit

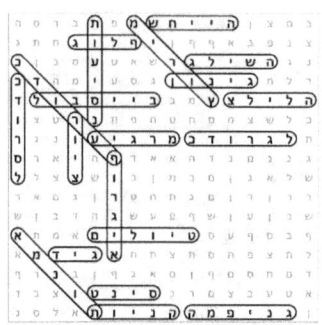

82 - Formen

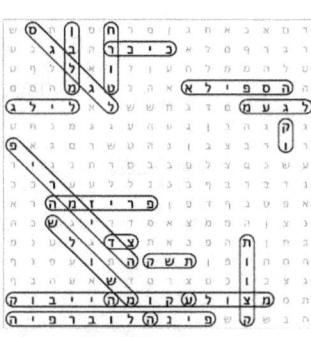

83 - Musik

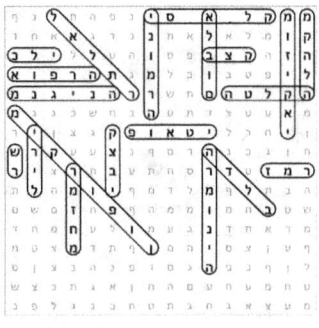

84 - Antiquitäten

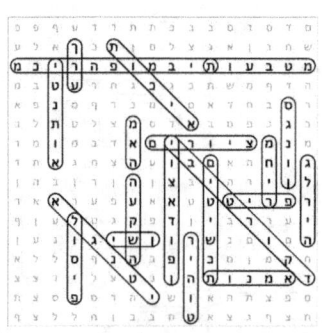

85 - Adjektive #2

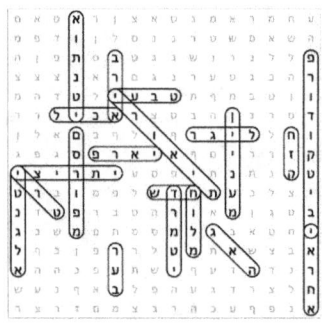

86 - Kleidung

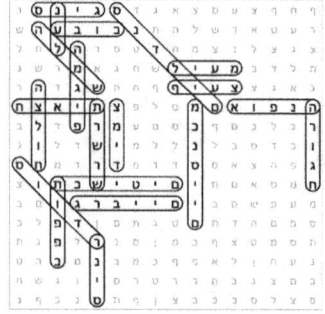

87 - Haus

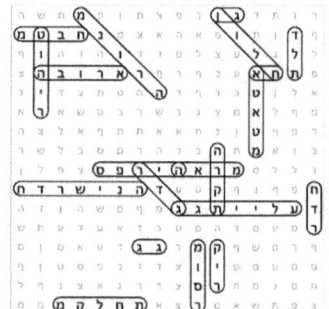

88 - Bauernhof #1

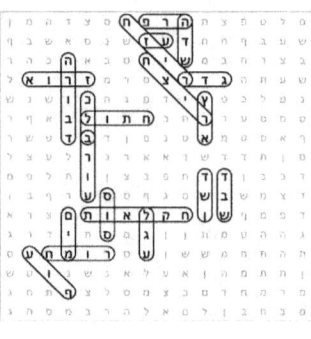

89 - Regierung

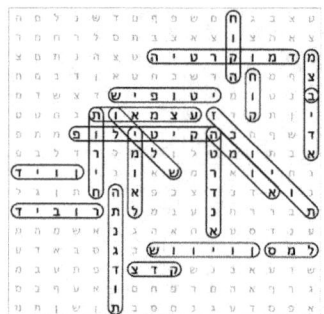

90 - Berufe #1

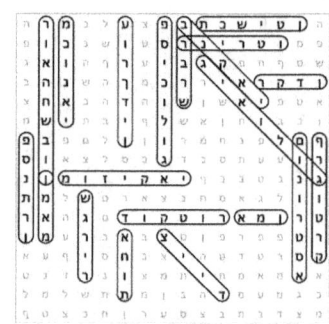

91 - Adjektive #1

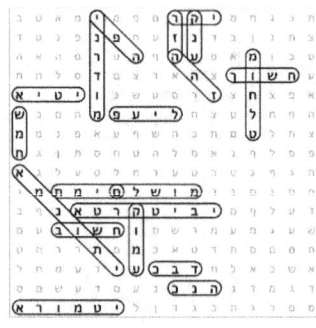

92 - Geometrie

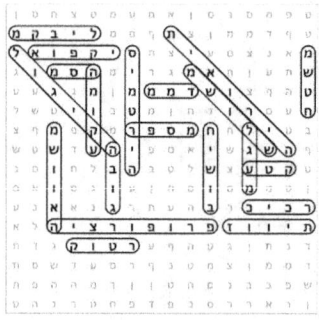

93 - Jazz

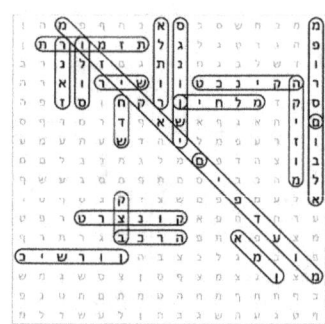

94 - Mathematik

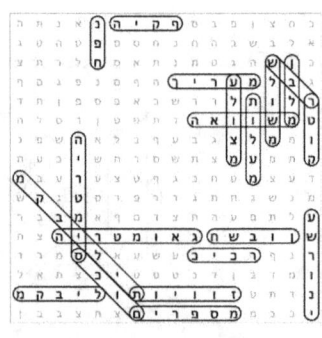

95 - Messungen

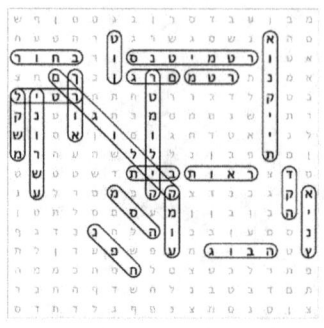

96 - Boxen

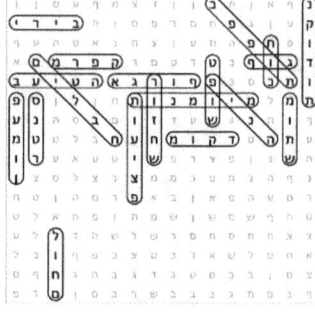

97 - Bauernhof #2

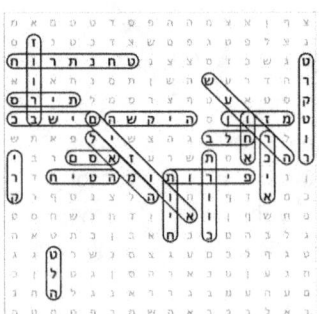

98 - Berufe #2

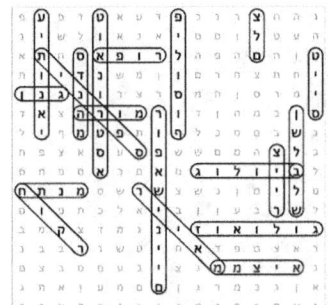

99 - Wetter

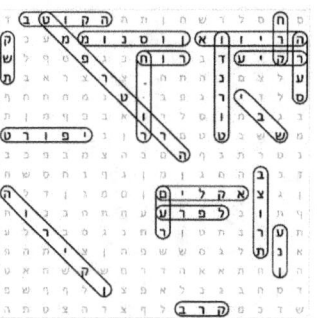

100 - Chemie

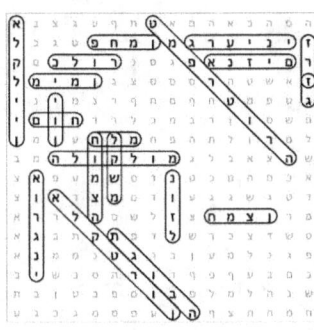

Wörterbuch

Abenteuer
הקתפרה

Aktivität	תוליעפ
Ausflug	לויט
Chance	יוכיס
Freude	החמש
Freunde	םירבח
Gefährlich	ןכוסמ
Gelegenheit	תונמדזה
Natur	עבט
Navigation	טווינ
Neu	שדח
Route	לולסמ
Schönheit	יפוי
Schwierigkeit	ישוק
Sicherheit	תוחיטב
Tapferkeit	ץמוא
Ungewöhnlich	ןפוד אצוי
Überraschend	עיתפמ
Vorbereitung	הנכה
Ziel	דעי

Adjektive #1
שמות ראות #1

Absolut	טלחומ
Aktiv	ליעפ
Aromatisch	יטמורא
Attraktiv	יביטקרטא
Dunkel	ךושח
Dünn	הזר
Ehrlich	הנכ
Glücklich	חמש
Identisch	ההז
Künstlerisch	יתונמא
Langsam	יטיא
Modern	ינרדומ
Perfekt	םלשומ
Riesig	קנע
Schön	הפי
Schwer	דבכ
Tief	קומע
Unschuldig	םימת
Wertvoll	רקי
Wichtig	בושח

Adjektive #2
שמות ראות #2

Authentisch	יטנתוא
Berühmt	םסרופמ
Beschreibend	ירואית
Dramatisch	יטמרד
Elegant	יטנגלא
Essbar	ליכא
Frisch	ירט
Gesund	אירב
Hungrig	בער
Interessant	ןיינעמ
Kreativ	יתריצי
Natürlich	יעבט
Neu	שדח
Normal	ליגר
Produktiv	יביטקודורפ
Salzig	חולמ
Stark	קזח
Stolz	האג
Verantwortlich	יארחא
Wild	יארפ

Agronomie
הימונורגא

Boden	המדא
Dünger	ןשד
Energie	היגרנא
Erosion	הקיחש
Essen	ןוזמ
Gemüse	תוקרי
Krankheit	תולחמ
Landwirtschaft	תואלקח
Ländlich	ירפכ
Nachhaltig	אמייק רב
Organisch	ינגרוא
Ökologie	היגולוקא
Pflanzen	םיחמצ
Produktion	הקפה
Studie	רקחמ
Systeme	תוכרעמ
Umwelt	הביבס
Verschmutzung	םוהיז
Wasser	םימ
Wissenschaft	עדמ

Aktivitäten
תויוליעפ

Aktivität	תוליעפ
Angeln	גיד
Camping	גניפמק
Entspannung	היפרה
Fähigkeit	תונמוימ
Fotografie	םוליצ
Freizeit	יאנפ
Gartenarbeit	ןוניג
Gemälde	רויצ
Jagd	דיצ
Kunst	תונמא
Kunsthandwerk	די תכאלמ
Lesen	האירק
Magie	םסק
Nähen	הריפת
Spiele	םיקחשמ
Stricken	הגירס
Tanzen	דוקיר
Vergnügen	גונעת
Wandern	םילויט

Aktivitäten und Freizeit
יאנפו תויוליעפ

Angeln	גיד
Baseball	לובסייב
Basketball	לסרודכ
Boxen	ףורגיא
Camping	גניפמק
Einkaufen	תוינק
Entspannend	עיגרמ
Fussball	לגרודכ
Gartenarbeit	ןוניג
Gemälde	רויצ
Golf	ףלוג
Kunst	תונמא
Reise	תועיסנ
Rennen	ץורימ
Schwimmen	הייחש
Surfen	השילג
Tauchen	הלילצ
Tennis	סינט
Volleyball	ףערודכ
Wandern	םילויט

Algebra
הרבגלא

Bruchteil	רבש
Diagramm	םישרת
Exponent	ךירעמ
Faktor	םרוג
Falsch	רקש
Formel	החסונ
Gleichung	האושמ
Graph	ףרג
Linear	יראיניל
Lösung	ןורתפ
Matrix	הצירטמ
Menge	תומכ
Null	ספא
Nummer	רפסמ
Problem	היעב
Subtraktion	רוסיח
Summe	םוכס
Unendlich	יפוסניא
Variable	הנתשמ
Vereinfachen	טשפל

Angeln
גייד

Ausrüstung	דויצ
Boot	הריס
Draht	טוח
Flossen	םיריפנס
Fluss	רהנ
Geduld	תונלבס
Gewicht	לקשמ
Haken	וו
Jahreszeit	הנוע
Kiefer	תסל
Kiemen	םימיז
Korb	לס
Köder	ןויתיפ
Ozean	סונייקוא
See	םגא
Strand	ףוח
Übertreibung	המזגה
Waage	םיינזאמ
Wasser	םימ

Antarktis
הקיטקראטנא

Bucht	ץרפמ
Eis	חרק
Erhaltung	רומיש
Expedition	תחלשמ
Felsig	יקור
Forscher	רקוח
Geographie	היפרגואג
Gletscher	םינוחרק
Halbinsel	יאה יצח
Kontinent	תשבי
Migration	הריגה
Mineralien	םילרנימ
Temperatur	הרוטרפמט
Topographie	היפרגופוט
Umwelt	הביבס
Vögel	םירופיצ
Wasser	םימ
Wetter	ריווא גזמ
Wind	תוחור
Wissenschaftlich	יעדמ

Antiquitäten
תוקיתע

Alt	ןשי
Artikel	טירפ
Authentisch	יטנתוא
Dekorativ	יביטרוקד
Elegant	יטנגלא
Galerie	הירלג
Gemälde	םירויצ
Investition	העקשה
Jahrhundert	האמ
Kunst	תונמא
Möbel	טוהיר
Münzen	תועבטמ
Preis	ריחמ
Qualität	תוכיא
Schmuck	םיטישכת
Skulptur	לוסיפ
Stil	ןונגס
Ungewöhnlich	ןפוד אצוי
Versteigerung	תיבמופ הריכמ
Wert	ךרע

Archäologie
היגולואיכרא

Analyse	חותינ
Antiquität	תוקיתע
Auswertung	הכרעה
Ära	ןדיע
Experte	החמומ
Forscher	רקוח
Fossil	ןבואמ
Geheimnis	המולעת
Grab	רבק
Knochen	תומצע
Mannschaft	תווצ
Nachkomme	אצאצ
Objekte	םיטקייבוא
Professor	רוספורפ
Relikt	דירש
Tempel	שדקמ
Unbekannt	עודי אל
Zivilisation	היצזיליביצ

Astronomie
הימונורטסא

Asteroid	דיאורטסא
Astronaut	טואנורטסא
Astronom	םונורטסא
Erde	ץראה רודכ
Himmel	עיקר
Komet	טיבש בכוכ
Konstellation	םיבכוכ תצובק
Kosmos	סומסוק
Meteor	רואטמ
Mond	חרי
Nebel	תיליפרע
Observatorium	הפצמה
Planet	תכל בכוכ
Rakete	הטקר
Satellit	ןייוול
Stern	בכוכ
Supernova	הבונרפוס
Teleskop	פוקסלט
Tierkreis	תולזמה לגלג
Universum	םוקי

Ballett
טלב

Anmutig	ינניח
Ausdrucksvoll	עיבמ
Choreographie	היפרגואירוכ
Fähigkeit	תונמוימ
Geste	הווחמ
Intensität	תמצוע
Komponist	ןיחלמ
Künstlerisch	יתונמא
Musik	הקיזומ
Muskel	םירירש
Orchester	תרומזת
Praxis	לוגרת
Probe	הרזח
Publikum	להק
Rhythmus	בצק
Solo	ולוס
Stil	ןונגס
Tänzer	םינדקר
Technik	הקינכט

Barbecues
ויקיברב

Abendessen	ברע תחורא
Familie	החפשמ
Frucht	תוריפ
Gabeln	תוגלזמ
Gemüse	תוקרי
Grill	לירג
Heiss	םח
Huhn	ףוע
Hunger	בער
Kinder	םידלי
Kochen	לושיב
Messer	םיניכס
Mittagessen	םיירהצ תחורא
Musik	הקיזומ
Pfeffer	לפלפ
Salate	םיטלס
Salz	חלמ
Sommer	ץיק
Sosse	בטור
Spiele	םיקחשמ

Bauernhof #1
קשמ #1

Biene	הרובד
Dünger	ןשד
Esel	רומח
Feld	הדש
Heu	ריצח
Honig	שבד
Huhn	ףוע
Hund	בלכ
Kalb	לגע
Katze	לותח
Krähe	ברוע
Kuh	הרפ
Land	ץרא
Landwirtschaft	תואלקח
Pferd	סוס
Reis	זרוא
Schwein	ריזח
Wasser	םימ
Zaun	רדג
Ziege	זע

Bauernhof #2
קשמ #2

Bauer	רכיא
Bewässerung	היקשה
Bienenstock	תרווכ
Ente	זוורב
Essen	ןוזמ
Frucht	תוריפ
Gänse	םיזווא
Gemüse	קרי
Gerste	הרועש
Lama	המאל
Lamm	הלט
Mais	סרית
Milch	בלח
Schaf	םישבכ
Scheune	םסא
Tiere	תויח
Traktor	רוטקרט
Weizen	הטיח
Wiese	וחא
Windmühle	חור תנחט

Berufe #1
תועוצקמ #1

Arzt	רוטקוד
Astronom	םונורטסא
Bankier	יאקנב
Botschafter	רירגש
Buchhalter	ןובשח האור
Geologe	גולואיג
Jäger	דייצ
Juwelier	ןטישכת
Kartograph	ףרגוטרק
Klempner	ברברש
Krankenschwest er	תוחא
Künstler	ןמא
Mechaniker	יאנוכמ
Musiker	יאקיזומ
Pianist	ןרתנספ
Psychologe	גולוכיספ
Rechtsanwalt	ןיד ךרוע
Tänzer	ןדקר
Tierarzt	רנירטו
Trainer	ןמאמ

Berufe #2
תועוצקמ #2

Arzt	אפור
Astronaut	טואנורטסא
Bibliothekar	תינרפס
Biologe	גולויב
Chirurg	חתנמ
Detektiv	שלב
Erfinder	איצממ
Forscher	רקוח
Fotograf	םלצ
Gärtner	ןנג
Illustrator	רייאמ
Ingenieur	סדנהמ
Journalist	יאנותיע
Lehrer	הרומ
Linguist	ןשלב
Maler	רייצ
Philosoph	ףוסוליפ
Pilot	סייט
Zahnarzt	םיינש אפור
Zoologe	גולואוז

Bienen
דבורים

Bestäuber	מאביק
Bienenkorb	כוורת
Blumen	פרחים
Blüte	פריחה
Essen	מזון
Flügel	כנפיים
Frucht	פירות
Garten	גן
Honig	דבש
Insekt	חרק
Königin	מלכה
Pflanzen	צמחים
Pollen	אבקה
Rauch	עשן
Schwarm	נחיל
Sonne	שמש
Vielfalt	גיוון
Vorteilhaft	מועיל
Wachs	שעווה

Bildende Kunst
אמנות חזותית

Architektur	אדריכלות
Bleistift	עיפרון
Film	סרט
Gemälde	ציור
Holzkohle	פחם
Keramik	קרמיקה
Kreativität	יצירתיות
Kreide	גיר
Künstler	אמן
Lack	לכה
Meisterwerk	יצירת מופת
Perspektive	פרספקטיבה
Porträt	דיוקן
Schablone	סטנסיל
Staffelei	כן ציור
Stift	עט
Ton	חֶרֶס
Wachs	שעווה
Zusammensetzung	הרכב

Biologie
ביולוגיה

Anatomie	אנטומיה
Chromosom	כרומוזום
Embryo	עובר
Enzym	אנזים
Evolution	אבולוציה
Hormon	הורמון
Kollagen	קולגן
Mutation	מוטציה
Natürlich	טבעי
Nerv	עצב
Neuron	נוירון
Osmose	אוסמוזה
Pflanzen	צמחים
Photosynthese	פוטוסינתזה
Protein	חלבון
Reptil	זוחל
Säugetier	יונק
Symbiose	סימביוזה
Synapse	סינפסה
Zelle	תא

Blumen
פרחים

Blütenblatt	עלי כותרת
Gardenie	גרדניה
Gänseblümchen	דייזי
Hibiskus	היביסקוס
Jasmin	יסמין
Klee	תלתן
Lavendel	לבנדר
Lila	לילך
Lilie	שושן
Löwenzahn	שן הארי
Magnolie	מגנוליה
Mohn	פרג
Orchidee	סחלב
Passionsblume	פסיפלורה
Pfingstrose	אדמונית
Rose	ורד
Sonnenblume	חמנית
Strauss	זר
Tulpe	צבעוני

Boote
סירות

Anker	עוגן
Boje	מצוף
Crew	צוות
Dock	עגן
Fähre	מעבורת
Floss	רפסודה
Fluss	נהר
Kajak	קיאק
Kanu	קאנו
Mast	תורן
Meer	ים
Motor	מנוע
Nautisch	ימי
Ozean	אוקיינוס
See	אגם
Seemann	מלח
Segelboot	מפרשית
Seil	חבל
Wellen	גלים
Yacht	יאכטה

Boxen
אגרוף

Ecke	פינה
Ellbogen	מרפק
Erschöpft	מותש
Faust	אגרוף
Fähigkeit	מיומנות
Fokus	מוקד
Gegner	יריב
Glocke	פעמון
Handschuhe	כפפות
Kämpfer	לוחם
Kick	בעיטה
Kinn	סנטר
Körper	גוף
Punkte	נקודות
Recovery	שחזור
Schiedsrichter	שופט
Seile	חבלים
Stärke	כוח
Verletzungen	פציעות

Bücher
ספרים

Abenteuer	הקתפרה
Autor	רבחמ
Dualität	תוילאוד
Episch	יפא
Erfinderisch	האצמה
Erzähler	וויירק
Gedicht	ריש
Geschichte	רופיס
Geschrieben	בתכנ
Historisch	ירוטסיה
Humorvoll	יטסירומוה
Kollektion	ףסוא
Kontext	רשקה
Leser	ארוק
Literarisch	יתורפס
Poesie	הריש
Roman	ןמור
Seite	ףד
Serie	הרדס
Tragisch	יגרט

Camping
מחנאות

Abenteuer	הקתפרה
Berg	רה
Feuer	שא
Hängematte	לסרע
Hut	עבוכ
Insekt	קרח
Jagd	דיצ
Kabine	את
Kanu	ונאק
Karte	הפמ
Kompass	ןפצמ
Laterne	סנפ
Mond	חרי
Natur	עבט
See	םגא
Seil	לבח
Spass	ףיכ
Tiere	תויח
Wald	רעי
Zelt	להוא

Chemie
כימיה

Alkalisch	ויילקלא
Chlor	רולכ
Elektron	ןורטקלא
Enzym	םיזנא
Flüssigkeit	לזונ
Gas	זג
Gewicht	לקשמ
Hitze	םוח
Ion	ןוי
Katalysator	זרז
Kohlenstoff	ןמחפ
Molekül	הלוקלומ
Nuklear	יניערג
Organisch	ינגרוא
Reaktion	הבוגת
Salz	חלמ
Sauerstoff	ןצמח
Säure	הצמוח
Temperatur	הרוטרפמט
Wasserstoff	ןמימ

Das Unternehmen
הרבחה

Beschäftigung	הקוסעת
Einheiten	תודיחי
Einnahmen	תוסנכה
Entscheidung	הטלחה
Fortschritt	תומדקתה
Geschäft	םיקסע
Industrie	היישעת
Innovativ	ינשדח
Investition	העקשה
Kreativ	יתריצי
Löhne	רכש
Möglichkeit	תורשפא
Präsentation	תגצמ
Produkt	רצומ
Professionell	יעוצקמ
Qualität	תוכיא
Ressourcen	םיבאשמ
Risiken	םינוכיס
Ruf	ןיטינומ

Diplomatie
דיפלומטיה

Ausländisch	רז
Berater	ץעוי
Botschaft	תורירגש
Botschafter	רירגש
Bürger	םיחרזא
Diplomatisch	יטמולפיד
Diskussion	ןויד
Ethik	הקיתא
Gemeinschaft	הליהק
Gerechtigkeit	קדצ
Humanität	תוינמוה
Integrität	הרושי
Konflikt	תושגנתה
Lösung	ןורתפ
Politik	הקיטילופ
Regierung	הלשממ
Sicherheit	ןוחטיב
Sprachen	תופש
Vertrag	הנמא
Zusammenarbeit	הלועפ ףותיש

Elektrizität
למשח

Ausrüstung	דויצ
Batterie	הללוס
Drähte	םיטוח
Elektriker	יאלמשח
Elektrisch	ילמשח
Fernsehen	היזיוולט
Generator	ללוחמ
Kabel	לבכ
Lagerung	ןוסחא
Lampe	הרונמ
Laser	רזייל
Magnet	טנגמ
Menge	תומכ
Negativ	ילילש
Netzwerk	תשר
Objekte	םיטקייבוא
Positiv	יבויח
Steckdose	עקש
Telefon	ןופלט

Emotionen
תושגר

Angst	דחפ
Aufgeregt	שגרנ
Beschämt	ןובנ
Dankbar	הדות ריסא
Entspannt	עוגר
Freude	החמש
Freundlichkeit	דסח
Frieden	םולש
Inhalt	ןכות
Langeweile	םומעש
Liebe	הבהא
Ruhe	הוולש
Sympathie	הדהא
Traurigkeit	בצע
Überraschen	העתפה
Wut	סעכ
Zärtlichkeit	ךור
Zufrieden	הצורמ

Energie
היגרנא

Batterie	הללוס
Benzin	ןיזנב
Brennstoff	קלד
Diesel	לזיד
Elektrisch	ילמשח
Elektron	ןורטקלא
Entropie	היפורטנא
Erneuerbar	שדחתמ
Hitze	םוח
Industrie	היישעת
Kohlenstoff	ןמחפ
Motor	עונמ
Nuklear	יניערג
Photon	ןוטופ
Sonne	שמש
Turbine	הניברוט
Umwelt	הביבס
Verschmutzung	םוהיז
Wasserstoff	ןמימ
Wind	חור

Ernährung
הנוזת

Appetit	ןובאית
Ausgewogen	ןזואמ
Bitter	רירמ
Diät	הטאיד
Essbar	ליכא
Fermentation	הסיסת
Geschmack	םעט
Gesund	אירב
Gesundheit	תואירב
Getreide	ןגד
Gewicht	לקשמ
Kalorien	תוירולק
Kohlenhydrate	תומימחפ
Nährstoff	ןיזמ
Proteine	םינובלח
Qualität	תוכיא
Sosse	בטור
Toxin	ןלער
Verdauung	לוכיע
Vitamin	ןימטיו

Essen #1
מזון #1

Basilikum	ןחיר
Birne	סגא
Erdbeere	הדש תות
Erdnuss	ןטוב
Fleisch	רשב
Kaffee	הפק
Karotte	רזג
Knoblauch	םוש
Milch	בלח
Rübe	תפל
Saft	ץימ
Salat	טלס
Salz	חלמ
Spinat	תרת
Suppe	קרמ
Thunfisch	הנוט
Zimt	ןומניק
Zitrone	ןומיל
Zucker	רכוס
Zwiebel	לצב

Essen #2
מזון #2

Apfel	חופת
Artischocke	קושיטרא
Aubergine	ליצח
Banane	הננב
Brokkoli	ילוקורב
Brot	םחל
Ei	הציב
Fisch	גד
Joghurt	טרוגוי
Käse	הניבג
Kirsche	ןבדבוד
Mandel	דקש
Pilz	הייטפ
Reis	זרוא
Schinken	םח
Schokolade	דלוקוש
Sellerie	ירלס
Spargel	סוגרפסא
Tomate	היינבגע
Weizen	הטיח

Ethik
הקיתא

Altruismus	םזיאורטלא
Diplomatisch	יטמולפיד
Ehrlichkeit	רשוי
Freundlichkeit	דסח
Geduld	תונלבס
Integrität	הרשוי
Menschheit	תושונאה
Mitgefühl	הלמח
Optimismus	תוימיטפוא
Philosophie	היפוסוליפ
Rationalität	תוילנויצר
Realismus	תוישעמ
Toleranz	תונלבוס
Vernünftig	ריבס
Weisheit	המכוח
Werte	םיכרע
Wohlwollend	בידנ
Würde	דובכ
Zusammenarbeit	הלועפ ףותיש

Fahren

הגיהנ

Auto	תינוכמ
Bremsen	םימלב
Brennstoff	קלד
Bus	סובוטוא
Garage	ךסומ
Gas	זג
Gefahr	הנכס
Geschwindigkeit	תוריהמ
Karte	הפמ
Lizenz	ןוישיר
Lkw	תיאשמ
Motor	עונמ
Motorrad	עונפוא
Polizei	הרטשמ
Sicherheit	תוחיטב
Transport	הרובחת
Tunnel	הרהנמ
Unfall	הנואת
Verkehr	העונת
Vorsicht	תוריהז

Fahrzeuge

בכר ילכ

Auto	תינוכמ
Boot	הריס
Bus	סובוטוא
Fahrrad	םיינפוא
Fähre	תרובעמ
Floss	הדוספר
Flugzeug	סוטמ
Hubschrauber	קוסמ
Krankenwagen	סנלובמא
Lkw	תיאשמ
Motor	עונמ
Rakete	הטקר
Reifen	םיגימצ
Roller	עונטק
Taxi	תינומ
Traktor	רוטקרט
U-Bahn	תיתחת תבכר
U-Boot	תללוצ
Wohnwagen	ןאוורק
Zug	תבכר

Familie

יתחפשמ רדח

Bruder	חא
Ehefrau	השא
Ehemann	לעב
Enkel	דכנ
Grossmutter	אתבס
Grossvater	אבס
Kind	דלי
Kindheit	תודלי
Mutter	אמיא
Mütterlich	יהמיא
Neffe	ןייחא
Nichte	תינייחא
Onkel	דוד
Schwester	תוחא
Tante	הדוד
Tochter	תב
Vater	אבא
Väterlich	יהבא
Vetter	דוד ןב
Vorfahr	ןומדק בא

Flugzeuge

םיסוטמ

Abenteuer	הקתפרה
Abstieg	הדירי
Atmosphäre	הריווא
Ballon	ןולב
Brennstoff	קלד
Crew	תווצ
Design	בוציע
Geschichte	הירוטסיה
Himmel	עיקר
Höhe	הבוג
Konstruktion	היינב
Luft	ריווא
Motor	עונמ
Navigieren	טווינ
Passagier	עסונ
Pilot	סייט
Propeller	םיפחדמ
Turbulenz	הרעס
Wasserstoff	ןמימ
Wetter	ריווא גזמ

Formen

תורוצ

Bogen	תשק
Dreieck	שלושמ
Ecke	הניפ
Ellipse	הספילא
Hyperbel	הלוברפיה
Kanten	תווצק
Kegel	טורח
Kreis	לגעמ
Kurve	המוקע
Linie	וק
Oval	לגלגס
Polygon	עלוצמ
Prisma	המזירפ
Pyramide	הדימריפ
Quadrat	רכיכ
Rechteck	ןבלמ
Seite	דצ
Würfel	הייבוק
Zylinder	לילג

Gebäude

םיניינב

Bauernhof	קשמ
Botschaft	תורירגש
Fabrik	לעפמ
Garage	ךסומ
Herberge	לטסוה
Hotel	ןולמ
Kabine	את
Kino	עונלוק
Krankenhaus	םילוח תיב
Labor	הדבעמ
Museum	ןואיזומ
Observatorium	הפצמה
Scheune	םסא
Schule	רפס תיב
Stadion	ןוידטצא
Supermarkt	טקרמרפוס
Theater	ןורטאית
Turm	לדגמ
Universität	הטיסרבינוא
Zelt	להוא

Gemüse
תוקרי

Artischocke	קושיטרא
Aubergine	ליצח
Blumenkohl	תיבורכ
Brokkoli	ילוקורב
Erbse	הנופא
Gurke	ןופפלמ
Ingwer	ר'גנ'יג
Karotte	רזג
Kartoffel	המדא חופת
Knoblauch	םוש
Kürbis	תעלד
Olive	תיז
Petersilie	היליזורטפ
Pilz	הייררטפ
Rübe	תפל
Salat	טלס
Sellerie	ירלס
Spinat	דרת
Tomate	היינבגע
Zwiebel	לצב

Geographie
היפרגואג

Atlas	סלטא
Äquator	הוושמה וק
Berg	רה
Breite	בחור וק
Fluss	רהנ
Gebiet	חטש
Hemisphäre	הרפסימה
Höhe	הבוג
Insel	יא
Karte	הפמ
Kontinent	תשבי
Land	הנידמ
Meer	םי
Meridian	ןאידירמ
Norden	ןופצ
Ozean	סונייקוא
Region	רוזא
Stadt	ריע
Welt	םלוע
West	ברעמ

Geologie
היגולואיג

Erdbeben	המדא תדיער
Erosion	הקיחש
Fossil	ןבואמ
Geschmolzen	תכתומ
Geysir	רזייג
Höhle	הרעמ
Kalzium	ןדיס
Kontinent	תשבי
Koralle	גומלא
Lava	הבל
Mineralien	םילרנימ
Plateau	המר
Quarz	ץרווק
Salz	חלמ
Säure	הצמוח
Stalaktit	ףיטנ
Stein	ןבא
Vulkan	שעג רה
Zone	רוזא
Zyklen	םירוזחמ

Geometrie
הירטמואג

Anteil	היצרופורפ
Berechnung	בושיח
Dimension	דממ
Dreieck	שלושמ
Durchmesser	רטוק
Gleichung	האוושמ
Horizontal	יקפוא
Höhe	הבוג
Kreis	לגעמ
Kurve	המוקע
Logik	הקיגול
Masse	הסמ
Nummer	רפסמ
Oberfläche	חטשמ
Parallel	ליבקמ
Quadrat	רכיכ
Segment	עטק
Symmetrie	הירטמיס
Theorie	הירואית
Winkel	תיווז

Geschäft
םיקסע

Arbeitgeber	קיסעמ
Budget	ביצקת
Büro	דרשמ
Einkommen	הסנכה
Fabrik	לעפמ
Geld	ףסכ
Geschäft	תונח
Gewinn	חוור
Investition	העקשה
Karriere	הרייירק
Kosten	תולע
Manager	להנמ
Mitarbeiter	דבוע
Rabatt	החנה
Steuern	םיסמ
Transaktion	הקסע
Verkauf	הריכמ
Ware	הרוחס
Währung	עבטמ
Wirtschaft	הלכלכ

Gesundheit und Wellness #1
תואירב תואירבו #1

Aktiv	ליעפ
Apotheke	תחקרמ תיב
Arzt	רופקוד
Bakterien	םיקדייח
Entspannung	היפרה
Fraktur	רבש
Gewohnheit	לגרה
Haut	רוע
Hormone	םינומרוה
Höhe	הבוג
Hunger	בער
Klinik	האפרמ
Knochen	תומצע
Medizin	האופר
Medizinisch	יאופר
Nerven	םיבצע
Reflex	סקלפר
Therapie	לופיט
Verletzung	העיצפ
Virus	ףיגנ

Gesundheit und Wellness #2
בריאות ובריאות #2

Allergie	אלרגיה
Anatomie	אנטומיה
Appetit	תיאבון
Blut	דם
Diät	דיאטה
Energie	אנרגיה
Genetik	גנטיקה
Gesund	בריא
Gewicht	משקל
Hygiene	היגיינה
Infektion	זיהום
Kalorie	קלוריה
Krankenhaus	בית חולים
Krankheit	חולי
Massage	עיסוי
Risiken	סיכונים
Schlafen	שינה
Sport	ספורט
Stress	לחץ
Vitamin	ויטמין

Gewürze
תבלינים

Anis	אניס
Bitter	מריר
Curry	קארי
Fenchel	שומר
Geschmack	טעם
Ingwer	ג'ינג'ר
Kardamom	הל
Knoblauch	שום
Lakritze	שוש
Muskatnuss	מוסקט
Nelke	ציפורן
Paprika	פפריקה
Pfeffer	פלפל
Safran	זעפרן
Salz	מלח
Sauer	חמוץ
Süss	מתוק
Vanille	וניל
Zimt	קינמון
Zwiebel	בצל

Globale Erwärmung
התחממות כדור הארץ

Arktis	ארקטי
Bevölkerung	אוכלוסיית
Daten	נתונים
Energie	אנרגיה
Entwicklung	פיתוח
Gas	גז
Generationen	דורות
Gesetzgebung	חקיקה
Industrie	תעשייה
International	בינלאומי
Jetzt	עכשיו
Klima	אקלים
Krise	משבר
Lebensraum	בית גידול
Regierung	ממשלה
Temperaturen	טמפרטורות
Umwelt	סביבתי
Wissenschaftler	מדען
Zukunft	עתיד

Haartypen
סוגי שיער

Blond	בלונדיני
Braun	חום
Dick	עבה
Dünn	רזה
Farbig	צבעוני
Geflochten	קלוע
Gesund	בריא
Grau	אפור
Kahl	קירח
Kurz	קצר
Lang	ארוך
Locken	תלתלים
Lockig	מתולתל
Schwarz	שחור
Silber	כסף
Trocken	יבש
Weich	רך
Weiss	לבן
Wellig	גלי
Zöpfe	צמות

Haus
בית

Besen	מטאטא
Bibliothek	ספריה
Dach	גג
Dachboden	עליית גג
Decke	תקרה
Dusche	מקלחת
Fenster	חלון
Garage	מוסך
Garten	גן
Kamin	אח
Küche	מטבח
Lampe	מנורה
Möbel	רהיט
Schlafzimmer	חדר שינה
Schornstein	ארובה
Spiegel	מראה
Tür	דלת
Wand	קיר
Zaun	גדר
Zimmer	חדר

Ingenieurwesen
הנדסה

Achse	ציר
Antrieb	הנעה
Berechnung	חישוב
Diagramm	תרשים
Diesel	דיזל
Durchmesser	קוטר
Energie	אנרגיה
Flüssigkeit	נוזל
Getriebe	הילוכים
Hebel	מנופים
Konstruktion	בניה
Maschine	מכונה
Messung	מדידה
Motor	מנוע
Stabilität	יציבות
Stärke	כוח
Struktur	מבנה
Tiefe	עומק
Verteilung	הפצה
Winkel	זווית

Jazz
זא ' ג

Album	םובלא
Alt	ןשי
Berühmt	םסרופמ
Favoriten	םיפדעומ
Genre	רנא'ז
Improvisation	רותלא
Komponist	ןיחלמ
Konzert	טרצנוק
Künstler	ןמא
Lied	ריש
Musik	הקיזומ
Musiker	םיאקיזומ
Neu	שדח
Orchester	תרומזת
Rhythmus	בצק
Solo	ולוס
Stil	ןונגס
Talent	ןורשיכ
Technik	הקינכט
Zusammensetzung	בכרה

Kaffee
הפק

Bitter	רירמ
Creme	םרק
Filter	ןנסמ
Flüssigkeit	לזונ
Geschmack	םעט
Koffein	ןיאפק
Mahlen	ןוחט
Milch	בלח
Morgen	רקוב
Preis	ריחמ
Sauer	יצמוח
Schwarz	רוחש
Tasse	סוכ
Trinken	תותשל
Ursprung	רוקמ
Vielfalt	ןווגמ
Wasser	םימ
Zucker	רכוס

Kleidung
םידגב

Armband	דימצ
Gürtel	הרוגח
Halskette	תרשרש
Handschuhe	תופפכ
Hemd	הצלוח
Hose	םייסנכמ
Hut	עבוכ
Jeans	סני'ג
Kleid	הלמש
Mantel	ליעמ
Mode	הנפוא
Pullover	רדווס
Rock	תיאצח
Sandalen	םילדנס
Schal	ףיעצ
Schlafanzug	המ'גיפ
Schmuck	םיטישכת
Schuh	לענ
Schürze	רניס
Socken	םייברג

Krankheit
תולחמ

Abdominal	ןטב
Allergien	תויגרלא
Ansteckend	קבדמ
Atemwege	המישנ
Bakteriell	יקדייח
Chronisch	ינורכ
Entzündung	תקלד
Erblich	יתשרות
Genetisch	יטנג
Gesundheit	תואירב
Herz	בל
Immunität	תוניסח
Knochen	תומצע
Körper	ףוג
Neuropathie	היתפוריונ
Pulmonal	יתאיר
Schwach	שלח
Sinus	סונים
Syndrom	תנומסת
Therapie	לופיט

Kräuterkunde
אפרמ יחמצ

Aromatisch	יטמורא
Basilikum	ןחיר
Blume	חרפ
Dill	רימש
Estragon	ןוגרט
Fenchel	רמוש
Garten	ןג
Geschmack	םעט
Grün	קורי
Knoblauch	םוש
Kulinarisch	ירנילוק
Lavendel	רדנבל
Majoran	ןרוימ
Petersilie	היליזורטפ
Qualität	תוכיא
Rosmarin	ןירמזור
Safran	ןרפעז
Thymian	ןימיט
Vorteilhaft	ליעומ
Zutat	ביכרמ

Kreativität
תויתריצי

Ausdruck	יוטיב
Authentizität	תויטנתוא
Bild	הנומת
Dramatisch	יטמרד
Eindruck	םשור
Erfinderisch	האצמה
Fähigkeit	תונמוימ
Flüssigkeit	תוליזנ
Gefühle	תושגר
Ideen	תונויער
Inspiration	הארשה
Intensität	תמצוע
Intuition	היציאוטניא
Klarheit	תוריהב
Künstlerisch	יתונמא
Phantasie	ןוימד
Sensation	השוחת
Spontan	ינטנופס
Visionen	תונויזח
Vitalität	תוינויח

Kunst Liefert

תונמא דויצ

Acryl	קילירקא
Bleistifte	תונורפע
Bürsten	תושרבמ
Farben	םיעבצ
Holzkohle	םחפ
Ideen	תונויער
Kamera	המלצמ
Kreativität	תויתריצי
Leim	קבד
Öl	ןמש
Papier	ריינ
Radiergummi	קחמ
Staffelei	רויצ ןכ
Stuhl	אסיכ
Tabelle	הלבט
Tinte	ויד
Ton	רסח
Wasser	םימ

Küche

חבטמ

Essen	ןוזמ
Essstäbchen	הליכא תולקמ
Gabeln	תוגלזמ
Gefrierschrank	איפקמ
Gewürze	םינילבת
Grill	לירג
Kelle	תקצמ
Krug	דכ
Kühlschrank	ררקמ
Löffel	תויפכ
Messer	םיניכס
Ofen	רונת
Rezept	ןוכתמ
Schürze	רניס
Schüssel	הרעק
Schwamm	גופס
Serviette	תיפמ
Tassen	תוסוכ
Wasserkocher	םוקמוק

Landschaften

םיפונ

Berg	רה
Eisberg	ןוחרק
Fluss	רהנ
Geysir	רזייג
Golf	ץרפמ
Halbinsel	יאה יצח
Höhle	הרעמ
Hügel	העבג
Insel	יא
Lagune	הנוגל
Meer	םי
Oase	סיזאוא
See	םגא
Strand	ףוח
Sumpf	הציב
Tal	קמע
Tundra	הרדנוט
Vulkan	שעג רה
Wasserfall	לפמ
Wüste	רבדמ

Länder #1

תונידמ #1

Ägypten	םירצמ
Brasilien	ליזרב
Deutschland	הינמרג
Finnland	דנלניפ
Indien	ודוה
Irak	קאריע
Israel	לארשי
Italien	הילטיא
Kambodscha	הידובמק
Kanada	הדנק
Lettland	היבטל
Mali	ילאמ
Nicaragua	הואגרקינ
Norwegen	היגוורונ
Polen	ןילופ
Rumänien	הינמור
Senegal	לגנס
Spanien	דרפס
Venezuela	הלאוצנו
Vietnam	םאנטייו

Länder #2

תונידמ #2

Albanien	הינבלא
Äthiopien	היפויתא
Frankreich	תפרצ
Griechenland	ןווי
Haiti	יטיאה
Irland	דנלריא
Jamaika	הקיימ'ג
Japan	ןפי
Kenia	הינק
Laos	סואל
Liberia	הירביל
Mexiko	וקיסקמ
Nepal	לאפנ
Nigeria	הירגינ
Pakistan	ןטסיקפ
Russland	היסור
Sudan	ןדוס
Syrien	הירוס
Uganda	הדנגוא
Ukraine	הניארקוא

Literatur

תורפס

Analogie	היגולנא
Analyse	חותינ
Anekdote	הטודקנא
Autor	רבחמ
Beschreibung	רואית
Biographie	היפרגויב
Dialog	גולאיד
Erzähler	ןיירק
Fiktion	ינוידב
Gedicht	ריש
Metapher	הרופטמ
Poetisch	יטאופ
Reim	זורח
Rhythmus	בצק
Roman	ןמור
Schlussfolgerun g	םוכיס
Stil	ןונגס
Thema	אשונ תכרע
Tragödie	הידגרט
Vergleich	האושה

Mathematik
מתמטיקה

Arithmetik	חשבון
Bruchteil	שבר
Dezimal	עשרוני
Dreieck	משלש
Durchmesser	קוטר
Exponent	מעריך
Geometrie	גאומטריה
Gleichung	משוואה
Grad	מעלות
Parallel	מקביל
Parallelogramm	מקבילית
Polygon	מצולע
Quadrat	ריכוע
Rechteck	מלבן
Summe	סכום
Symmetrie	סימטריה
Umfang	היקף
Volumen	נפח
Winkel	זווית
Zahlen	מספרים

Meditation
מדיטציה

Annahme	קבלה
Bewegung	תנועה
Dankbarkeit	הכרת תודה
Einblick	תובנה
Freundlichkeit	חסד
Frieden	שלום
Gedanken	מחשבות
Geistig	נפש
Glück	אושר
Haltung	יציבה
Klarheit	בהירות
Lernen	ללמוד
Mitgefühl	חמלה
Musik	מוזיקה
Natur	טבע
Perspektive	פרספקטיבה
Ruhig	רגוע
Stille	שתיקה
Verstand	מוח
Wach	ער

Menschlicher Körper
גוף האדם

Bein	רגל
Blut	דם
Ellbogen	מרפק
Finger	אצבע
Gehirn	מוח
Gesicht	פנים
Hals	צואר
Hand	יד
Haut	עור
Herz	לב
Kiefer	לסת
Kinn	סנטר
Knie	ברך
Knöchel	קרסול
Kopf	ראש
Mund	פה
Nase	אף
Ohr	אוזן
Schulter	כתף
Zunge	לשון

Messungen
מדידות

Breite	רוחב
Byte	בית
Dezimal	עשרוני
Gewicht	משקל
Grad	אורות
Gramm	גרם
Höhe	גובה
Kilogramm	קילוגרם
Kilometer	קילומטר
Länge	אורך
Liter	ליטר
Masse	מסה
Meter	מטר
Minute	דקה
Tiefe	עומק
Tonne	טון
Unze	אונקייה
Volumen	נפח
Zentimeter	סנטימטר
Zoll	אינץ

Mode
אופנה

Anspruchsvoll	מתוחכם
Bescheiden	צנוע
Boutique	בוטיק
Einfach	פשוט
Elegant	אלגנטי
Komfortabel	נוח
Minimalistisch	מינימליסטי
Modern	מודרני
Muster	תבנית
Original	מקורי
Praktisch	מעשי
Spitze	תחרה
Stickerei	רקמה
Stil	סגנון
Stoff	בד
Tasten	לחצנים
Teuer	יקר
Textur	מרקם
Trend	מגמה

Musik
מוסיקה

Album	אלבום
Aufnahme	הקלטה
Ballade	בלדה
Chor	מקהלה
Harmonie	הרמוניה
Harmonisch	הרמוני
Improvisieren	לאלתר
Instrument	כלי
Klassisch	קל.סא.י
Lyrisch	לירי
Melodie	מנגינה
Mikrofon	מיקרופון
Musical	מחזמר
Musiker	מוזיקאי
Oper	אופרה
Poetisch	פואטי
Rhythmisch	קצבי
Rhythmus	קצב
Sänger	זמר
Singen	שר

Musikinstrumente
כלי נגינה

Banjo	בנג'ו
Cello	צ'לו
Drumsticks	מקלות תיפוף
Fagott	בסון
Flöte	חליל
Geige	כינור
Gitarre	גיטרה
Gong	גונג
Harfe	נבל
Klarinette	קלרינט
Klavier	פסנתר
Mandoline	מנדולינה
Marimba	מרימבה
Mundharmonika	מפוחית
Oboe	אבוב
Posaune	טרומבון
Saxophon	סקסופון
Tamburin	תוף מירים
Trommel	תוף
Trompete	חצוצרה

Mythologie
מיתולוגיה

Archetyp	אבטיפוס
Blitz	ברק
Donner	רעם
Eifersucht	קנאה
Held	גיבור
Katastrophe	אסון
Kreation	יצירה
Kreatur	יצור
Krieger	לוחם
Kultur	תרבות
Labyrinth	מבוך
Legende	אגדה
Magisch	קסום
Monster	מפלצת
Rache	נקמה
Stärke	כוח
Sterblich	בן תמותה
Triumphierend	מנצח
Unsterblichkeit	נצ.ח.
Verhalten	התנהגות

Natur
טבע

Arktis	ארקטי
Berge	הרים
Bienen	דבורים
Dynamisch	דינמי
Erosion	שחיקה
Fluss	נהר
Friedlich	שליו
Gletscher	קרחון
Heiter	שלווה
Laub	ע.ל.ים
Lebenswichtig	חיוני
Nebel	ערפל
Schönheit	יופי
Schutz	מקלט
Tiere	חיות
Tropisch	טרופי
Wald	יער
Wild	פראי
Wolken	עננים
Wüste	מדבר

Obst
פירות

Ananas	אננס
Apfel	תפוח
Aprikose	משמש
Avocado	אבוקדו
Banane	בננה
Beere	ברי
Birne	אגס
Grapefruit	אשכולית
Himbeere	פטל
Kirsche	דובדבן
Kiwi	קיווי
Kokosnuss	קוקוס
Melone	מלון
Nektarine	נקטרינה
Orange	כתום
Papaya	פפאיה
Pfirsich	אפרסק
Pflaume	שזיף
Traube	גפן
Zitrone	לימון

Ozean
אוקיינוס

Aal	צלופח
Auster	צדפה
Boot	סירה
Delfin	דולפין
Fisch	דג
Garnele	שרימפס
Gezeiten	גאות ושפל
Hai	כריש
Koralle	אלמוג
Krabbe	סרטן
Krake	תמנון
Qualle	מדוזה
Riff	שונית
Salz	מלח
Schildkröte	צב
Schwamm	ספוג
Sturm	סערה
Thunfisch	טונה
Wal	לווייתן
Wellen	גלים

Pflanzen
צמחים

Bambus	במבוק
Baum	עץ
Beere	ברי
Blatt	עלה
Blume	פרח
Blütenblatt	עלי כותרת
Bohne	שעועית
Botanik	בוטניקה
Busch	שיח
Dünger	דשן
Efeu	קיסוס
Garten	גן
Gras	דשא
Kaktus	קקטוס
Laub	ע.ל.ים
Moos	טחב
Sonne	שמש
Vegetation	צמחייה
Wald	יער
Wurzel	שורש

Physik
פיזיקה

Atom	אטום
Beschleunigung	תאוצה
Chaos	כאוס
Chemisch	כימי
Dichte	צפיפות
Elektron	אלקטרון
Experiment	ניסוי
Formel	נוסחה
Frequenz	תדירות
Gas	גז
Geschwindigkeit	מהירות
Magnetismus	מגנטיות
Masse	מסה
Mechanik	מכניקה
Molekül	מולקולה
Motor	מנוע
Nuklear	גרעיני
Partikel	חלקיק
Relativität	יחסות
Universal	אוניברסלי

Regierung
ממשלה

Demokratie	דמוקרטיה
Denkmal	אנדרטה
Diskussion	דיון
Dissens	התנגדות
Freiheit	חירות
Friedlich	שליו
Gerechtigkeit	צדק
Gesetz	חוק
Gleichheit	שוויון
Justiziell	שיפוטי
Nation	אומה
National	לאומי
Politik	פוליטיקה
Rechte	זכויות
Rede	דיבור
Staat	מצב
Symbol	סמל
Unabhängigkeit	עצמאות
Verfassung	חוקה
Zivil	אדיב

Restaurant #2
מסעדה #2

Abendessen	ארוחת ערב
Eier	ביצים
Eis	קרח
Fisch	דג
Frucht	פירות
Gabel	מזלג
Gemüse	ירקות
Gewürze	תבלינים
Kellner	מלצר
Köstlich	טעים
Kuchen	עוגה
Löffel	כף
Mittagessen	ארוחת צהריים
Nudeln	אטריות
Salat	סלט
Salz	מלח
Stuhl	כיסא
Suppe	מרק
Vorspeise	מתאבן
Wasser	מים

Säugetiere
יונקים

Affe	קוף
Bär	דוב
Biber	בונה
Elefant	פיל
Fuchs	שועל
Giraffe	ג'ירפה
Gorilla	גורילה
Hund	כלב
Känguru	קנגורו
Kojote	זאב ערבות
Löwe	אריה
Panther	פנתר
Pferd	סוס
Ratte	עכברוש
Schaf	כבשים
Stier	שור
Tiger	נמר
Wal	לוויתן
Wolf	זאב
Zebra	זברה

Schach
שחמט

Champion	אלוף
Diagonal	אלכסון
Gegner	יריב
König	מלך
Königin	מלכה
Lernen	ללמוד
Opfer	הקרבה
Passiv	פסיבי
Punkte	נקודות
Regeln	כללים
Schwarz	שחור
Spiel	משחק
Spieler	שחקן
Strategie	אסטרטגיה
Turnier	טורניר
Weiss	לבן
Wettbewerb	תחרות
Zeit	זמן

Schokolade
שוקולד

Antioxidans	נוגד חמצון
Bitter	מריר
Erdnüsse	בוטנים
Essen	לאכול
Exotisch	אקזוטי
Favorit	אהוב
Geschmack	טעם
Kakao	קקאו
Kalorien	קלוריות
Karamell	קרמל
Kokosnuss	קוקוס
Köstlich	טעים
Pulver	אבקה
Qualität	איכות
Rezept	מתכון
Süss	מתוק
Verlangen	השתוקקות
Zucker	סוכר
Zutat	מרכיב

Schönheit
יפוי

Charme	קסם
Dienstleistungen	שירותים
Duft	ניחוח
Elegant	אלגנטי
Eleganz	אלגנטיות
Farbe	צבע
Fotogen	פוטוגני
Glatt	חלק
Haut	עור
Kosmetik	קוסמטיקה
Lippenstift	שפתון
Locken	תלתלים
Öle	שמנים
Produkte	מוצרים
Schere	מספריים
Shampoo	שמפו
Spiegel	מראה
Stylist	מעצב
Wimperntusche	מסקרה

Science Fiction
מדע בדיוני

Bücher	ספרים
Chemikalien	כימיקלים
Dystopie	דיסטופיה
Explosion	פיצוץ
Extrem	קיצוני
Fantastisch	פנטסטי
Feuer	אש
Futuristisch	עתידני
Galaxie	גלקסיה
Geheimnisvoll	מסתורי
Illusion	אשליה
Imaginär	דמיוני
Kino	קולנוע
Orakel	אורקל
Planet	כוכב לכת
Roboter	רובוט
Szenario	תרחיש
Technologie	טכנולוגיה
Utopie	אוטופיה
Welt	עולם

Sport
ספורט

Athlet	ספורטאי
Ausdauer	סיבולת
Diät	דיאטה
Ernährung	תזונה
Fähigkeit	יכולת
Gesundheit	בריאות
Joggen	ריצה
Kardiovaskulär	לב וכלי דם
Knochen	עצמות
Körper	גוף
Maximieren	למקסם
Metabolisch	מטבולי
Muskel	שרירים
Programm	תכנית
Schwimmen	לשחות
Sport	ספורט
Stärke	כוח
Tanzen	ריקוד
Trainer	מאמן
Ziel	מטרה

Stadt
עיר

Apotheke	בית מרקחת
Bank	בנק
Bäckerei	מאפייה
Bibliothek	ספריה
Blumenhändler	פרחים
Buchhandlung	חנות ספרים
Flughafen	שדה תעופה
Galerie	גלריה
Hotel	מלון
Kino	קולנוע
Klinik	מרפאה
Markt	שוק
Museum	מוזיאון
Restaurant	מסעדה
Schule	בית ספר
Stadion	אצטדיון
Supermarkt	סופרמרקט
Theater	תיאטרון
Universität	אוניברסיטה
Zoo	גן חיות

Strand
חוף

Blau	כחול
Boot	סירה
Dock	מזח
Handtuch	מגבת
Insel	אי
Krabbe	סרטן
Küste	חוף
Lagune	לגונה
Meer	ים
Ozean	אוקיינוס
Regenschirm	מטריה
Riff	שונית
Sand	חול
Sandalen	סנדלים
Schwimmen	לשחות
Segelboot	מפרשית
Sonne	שמש
Urlaub	חופשה

Tage und Monate
ימים וחודשים

August	אוגוסט
Dezember	דצמבר
Dienstag	יום שלישי
Donnerstag	יום חמישי
Februar	פברואר
Freitag	יום שישי
Jahr	שנה
Januar	ינואר
Juli	יולי
Juni	יוני
Kalender	לוח שנה
Mittwoch	יום רביעי
Monat	חודש
Montag	יום שני
November	נובמבר
Oktober	אוקטובר
Samstag	יום שבת
September	ספטמבר
Sonntag	יום ראשון
Woche	שבוע

Technologie
היגולונכט

Bildschirm	ךסמ
Blog	גולב
Browser	ןפדפד
Bytes	םיתב
Computer	בשחמ
Cursor	ןמס
Datei	ץבוק
Daten	םינותנ
Digital	ילטיגיד
Forschung	רקחמ
Internet	טנרטניא
Kamera	המלצמ
Nachricht	העדוה
Schriftart	ןפוג
Sicherheit	ןוחטיב
Software	הנכות
Statistik	הקיטסיטטס
Virtuell	ילאוטריו
Virus	ףיגנ

Universum
םוקי

Asteroid	דיאורטסא
Astronom	םונורטסא
Astronomie	הימונורטסא
Atmosphäre	הריווא
Äon	ןַצֶח
Äquator	הווהשמה וק
Breite	בחור וק
Dunkelheit	ךשוח
Galaxie	היסקלג
Hemisphäre	הרפסימה
Himmel	עיקר
Horizont	קפוא
Kosmisch	ימסוק
Längengrad	ךרוא
Mond	חרי
Orbit	לולסמ
Sichtbar	יולג
Sonnenwende	ךופיה
Teleskop	פוקסלט
Tierkreis	תולזמה לגלג

Urlaub #2
ןופש #2

Ausländer	רז
Berge	םירה
Camping	גניפמק
Flughafen	הפועת הדש
Freizeit	יאנפ
Hotel	ןולמ
Insel	יא
Karte	הפמ
Meer	םי
Pass	ןוכרד
Reise	עסמ
Restaurant	הדעסמ
Strand	ףוח
Taxi	תינומ
Transport	הרובחת
Urlaub	גח
Visum	הזיו
Zelt	להוא
Ziel	דעי
Zug	תבכר

Vögel
םירופיצ

Adler	רשנ
Ei	הציב
Ente	זוורב
Eule	ףושני
Flamingo	וגנימלפ
Gans	זווא
Huhn	ףוע
Krähe	ברוע
Kuckuck	הייקוק
Möwe	ףחש
Papagei	יכות
Pelikan	יאנקש
Pfau	סווט
Pinguin	ןיווגניפ
Reiher	הפנא
Schwan	רוברב
Spatz	רורד
Storch	הדיסח
Taube	הנוי
Toucan	ןאקוט

Wandern
םיילגר םילויט

Berg	רה
Camping	גניפמק
Führer	םיכירדמ
Gefahren	תונכס
Gipfel	הגספ
Karte	הפמ
Klima	םילקא
Klippe	קוצ
Müde	ףייע
Natur	עבט
Orientierung	הייטנ
Schwer	דבכ
Sonne	שמש
Steine	םינבא
Stiefel	םייפגמ
Tiere	תויח
Vorbereitung	הנכה
Wasser	םימ
Wetter	ריווא גזמ
Wild	יארפ

Wetter
ריווא גזמ

Atmosphäre	הריווא
Blitz	קרב
Brise	רוּחַ
Donner	םער
Dürre	תרוצב
Eis	חרק
Himmel	עיקר
Hurrikan	ןקירוה
Klima	םילקא
Monsun	ןוסנומ
Nebel	לפרע
Polar	בטוקה
Regenbogen	תשק
Sturm	הרעס
Temperatur	הרוטרפמט
Tornado	ודנרוט
Trocken	שבי
Tropisch	יפורט
Wind	חור
Wolke	ןנע

Wissenschaft

עדמ

Atom	םוטא
Chemisch	ימיכ
Daten	םינותנ
Evolution	היצולובא
Experiment	יוסינ
Fossil	ןבואמ
Hypothese	החנה
Klima	םילקא
Labor	הדבעמ
Methode	הטיש
Mineralien	םילרנימ
Moleküle	תולוקלומ
Natur	עבט
Organismus	םזינגרוא
Partikel	םיקיקלח
Pflanzen	םיחמצ
Physik	הקיזיפ
Tatsache	הדבוע
Wissenschaftler	ןעדמ

Wissenschaftliche Disziplinen

תויעדמ תונילפיצסיד

Anatomie	הימוטנא
Archäologie	היגולואכרא
Astronomie	הימונורטסא
Biochemie	הימיכויב
Biologie	היגולויב
Botanik	הקינטוב
Chemie	הימיכ
Geologie	היגולואיג
Immunologie	היגולונומיא
Kinesiologie	היגולויסניק
Linguistik	תונשלב
Mechanik	הקינכמ
Mineralogie	היגולרנימ
Neurologie	היגולוריונ
Ökologie	היגולוקא
Physiologie	היגולויזיפ
Psychologie	היגולוכיספ
Soziologie	היגולויצוס
Thermodynamik	הקימנידומרת
Zoologie	היגולואוז

Zahlen

םירפסמ

Acht	הנומש
Achtzehn	רשע הנומש
Dezimal	ינורשע
Drei	שולש
Dreizehn	הרשע שולש
Fünf	שמח
Fünfzehn	רשע השימח
Neun	עשת
Neunzehn	הרשע עשת
Null	ספא
Sechs	שש
Sechzehn	הרשע שש
Sieben	עבש
Siebzehn	הרשע עבש
Vier	עברא
Vierzehn	רשע העברא
Zehn	רשע
Zwanzig	םירשע
Zwei	םייתש
Zwölf	רשע םינש

Zeit

ןמז

Gestern	לומתא
Heute	םויה
Jahr	הנש
Jahrhundert	האמ
Jahrzehnt	רושע
Jährlich	יתנש
Jetzt	וישכע
Kalender	הנש חול
Minute	הקד
Mittag	םיירהצ
Monat	שדוח
Morgen	רקוב
Nach	רחאל
Nacht	הליל
Stunde	העש
Tag	םוי
Uhr	ןועש
Vor	ינפל
Woche	עובש
Zukunft	דיתע

Gratuliere

Sie haben es geschafft !!

Wir hoffen, dass euch dieses Buch genauso viel Spaß gemacht hat wie uns dessen Herstellung. Wir tun unser Bestes, um qualitativ hochwertige Spiele zu erfinden. Diese Rätsel sind auf eine clevere Art und Weise entworfen, damit sie aktiv lernen und daran Vergnügen finden.

Hat ihnen das Buch gefallen ?

Eine einfache Bitte

Unsere Bücher existieren dank der Rezensionen, die sie veröffentlichen. Können sie uns helfen indem sie jetzt eine Meinung hinterlassen ?

Hier ist ein kurzer Link, der Sie zu ihrer Bewertungsseite führt

 BestBooksActivity.com/Rezension50

MONSTER HERAUSFÖRDERUNGEN !

Herausförderung 1

Bereit für ihr Bonusspiel? Wir verwenden sie ständig, aber sie sind nicht einfach zu finden. Es sind die Synonyme !

Notieren sie 5 Wörter, die sie in den untenstehenden Rätseln (Nummer 21, 36 und 76) entdeckt haben und versuchen sie für jedes Wort 2 Synonyme zu finden .

Notieren sie 5 Wörter aus Rätsel 21

Wörter	Synonym 1	Synonym 2

Notieren sie 5 Wörter aus Rätsel 36

Wörter	Synonym 1	Synonym 2

Notieren sie 5 Wörter aus Rätsel 76

Wörter	Synonym 1	Synonym 2

Herausförderung 2

Jetzt, wo sie warm sind, notieren sie 5 Wörter, die sie in jedem der untenaufgeführten Rätseln entdeckt haben (Nummer 9, 17 und 25) und versuchen sie für jedes Wort 2 Antonyme zu finden. Wie viele davon können sie binnen 20 Minuten finden ?

Notieren sie 5 Wörter aus **Rätsel 9**

Wörter	Antonym 1	Antonym 2

Notieren sie 5 Wörter aus **Rätsel 17**

Wörter	Antonym 1	Antonym 2

Notieren sie 5 Wörter aus **Rätsel 25**

Wörter	Antonym 1	Antonym 2

Herausförderung 3

Wunderbar, diese Monster Herausförderung 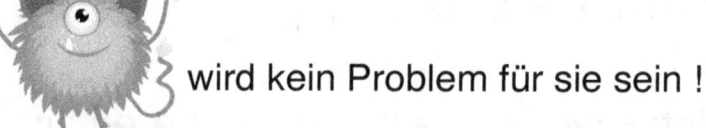 wird kein Problem für sie sein !

Bereit für die letzte Herausförderung? Wählen sie ihre 10 Lieblingswörter aus, die sie in einem Rätsel entdeckt haben und notieren sie sie unten.

1.	6.
2.	7.
3.	8.
4.	9.
5.	10.

Die Aufgabe besteht nun darin mit diesen Wörtern und in maximal sechs Sätzen einen Text herzustellen über eine Person, ein Tier oder ein Ort den sie lieben !

Tipp : sie können die letzten leeren Seiten dieses Buches als Entwurf verwenden

Ihr Schreiben :

NOTIZBUCH :

AUF BALDIGES WIEDERSEHEN !

Linguas Classics